THE BEER DICTIONARY
맥주에 대한 모든 것

First published in Great Britain in 2018 by Mitchell Beazley,
a division of Octopus Publishing Group Ltd.
Carmelite House, 50 Victoria Embankment, London EC4Y 0DZ, England.

THE BEER DICTIONARY
맥주에 대한 모든 것

초판 1쇄　2019년 6월 10일

지은이 리처드 크로스데일
옮긴이 윤한샘, 이명룡, 이동석

발행인 전재국
대표 정의선
편집 김주현, 성스레 | **디자인** 윤미정
마케팅 사공성, 강승덕, 황재아 | **제작** 이기성

발행처　BOOKERS
출판등록　1993호 4월 9일 제406-2007-000055호
주소　경기도 파주시 문발로 171 (문발동, 북씨티)
전화　영업 031-955-6980　편집 02-394-5981
팩스　영업 031-955-6988　편집 02-394-4587

값 18,000원
ISBN 979-11-90118-02-6-13590

THE

BEER DICTIONARY

맥주에 대한 모든 것

리처드 크로스데일
윤한샘, 이명룡, 이동석 옮김

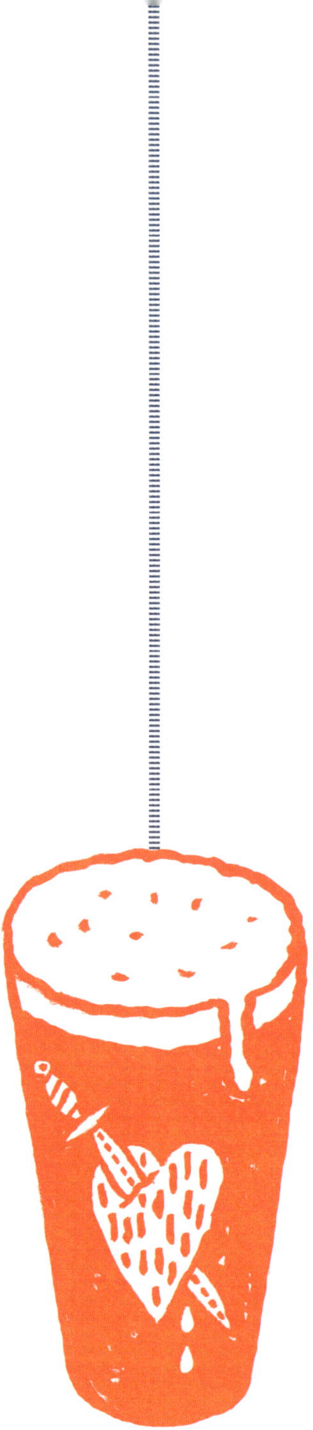

Prologue

나는 지루한 영국 도시에서 자랐다. 그 당시 누구나 그랬듯이, 내가 술을 진탕 마시던 시기는 여러 면에서 1990년대 영국 맥주문화의 축소판과 같았다. 금요일과 토요일 밤은 칼스버그와 하이네켄을 마셨고 만약 호주머니 사정이 넉넉하면 스텔라를 마셨다. 한편, 영국은 캄라CAMRA의 고향이기도 했다. 호기심 많은 젊은이들에게 그다지 친절하지 않은 남자들이, 미지근하고 밍밍한 에일을 마시는 캐스크 에일 중심의 펍도 존재했다.

나는 두 문화 모두를 즐기지 못했기 때문에 맥주는 내게 맞지 않다고 단순하게 생각했고, 이후 위스키로 주종을 바꿔 10년 동안 정말 즐겁게 마셨다. 그러다가 2000년대 초반 스코틀랜드에서, 그곳에 사는 이들에게는 평범한 맥주였던, 그 지역 맥주가 선사하는 즐거움을 발견했다. 당연히 나의 미각은 스텔라를 벌컥벌컥 마시던 유년기와 달리 꽤 발전했으며 칼레도니언 80/-이 주는 섬세한 즐거움은 마치 신의 영접과도 같은 것이었다. 게다가 맥주를 더 많이 배울 준비가 되어 있었다. 마침 타이밍도 기가 막혔다. 미국 크래프트 맥주 혁명American craft beer revolution이 앵커 리버티에일Anchor's Liberty, 시에라네바다Sierra Nevada, 파운더스Founders, 스톤Stone의 첫 출시와 함께 영국에서 시작되었다. 나는 이내 이 맥주들에 빠져들었고 세계 최고의 맥주 성지들을 찾아다니며 브루어와 술꾼들, 전문가들을 만나 맥주의 새로운 풍미와 신선한 경험을 맞이했다.

나는 이 책에서 그 여정의 일부를 담아 알파벳순으로 정리했다. 앞으로 나올 장에서는 상업양조든 홈브루잉이든(이 둘은 생각보다 공통점이 많다) 맥주양조와 연관된 주요 과정, 기술, 장비를 간단히 설명할 것이다. 다른 측면으로는 맥주 향미와 문화의 기본을 이야기하고 맥주를 사랑하는 사람이 마주하게 될 일반적인 맥주 스타일에 대한 이야기도 할 것이다.

이 책은 당신에게 맥주에 대해 '어떻게' 하라고 알려주진 않는다. 이 책을 읽고 맥주를 만들거나 바bar를 운영할 수는 없을 것이다. 그러나 깊이 읽다보면 이 책은 친숙하지 않는 단어들을 설명해주는 참고자료이자 당신이 관심을 갖는 맥주 관련 토픽에 대한 많은 정보의 원천이 될 것이다.

물론, 세계적으로 수조 원의 규모에 이르는 크래프트 맥주 시장에서 항상 등장하는 질문인 '크래프트Craft란 무엇인가'와 '크래프트 맥주'를 논하지 않고 맥주 사전을 쓰는 것은 이상한 일일 것이다. 이미 이전에 이에 대한 답을 내놓은 사람들은 아마 규모(작고), 소유(독립적이고), 품질(당연히 좋고), 진실성(우리는 기본적으로 대형 맥주회사의 '라거'에 신물이 나있다)에 대해 이야기 할 것이다. 그러나 이런 정의에서 크래프트 '운동'이 미국 서부에서 시작되었다는 보편적인 가정이 신뢰성을 잃는다. 무엇보다 유럽, 특히 벨기에, 영국, 독일의 양조 전통이 크래프트라는 아이디어의 근원이었다는 것은 부정할 수 없다. 또한 현대의 소비자들이 찬양하는 소규모, 고품질, 지역성과 같은 가치들을 유럽의 양조전통에서 찾아볼 수 있다. 오늘날 브루어들과 이야기를 해보면, 이들이 이러한 전통을 잘 이해하고 있으며 존경심을 갖고 있다는 것을 알 수 있다. 크래프트 맥주 운동craft beer movement은 과거와 단절된 것이 아닌, 20세기 중반에 거의 사라졌던 스타일과 기술들을 재발견하고 발전시키는 것이다. 콧수염과 꽃문신을 자랑하며 모터바이크를 타는 사람들이 펍에 불쑥 들어와 분위기를 망치는 것에 불만을 갖고 있던 순수한 맥주 애호가들은 전통과 품질에 대한 열정을 진심으로 공유할 전우를 얻었다.

앞으로 이러한 크래프트 맥주 운동이 우리를 어디로 데려갈까? 작은 곳에서 열정을 불태우고 있는 브루어로부터 벨기에의 수도사, 그리고 미국 크래프트 맥주의 거장까지 전 세계를 돌아다니며 만나본 결과, 크래프트라는 것은 직접 만날 때에만 비로소 알 수 있다는 약간 두루뭉술한 결론을 내렸다. 당신이 홈브루잉 키트를 구매하든지 혹은 맥주를 대량으로 만드는지는 상관없다. 크래프트는 맥주를 창조하고 만드는 사람들의 열정 안에 존재한다.

사실 크래프트는 대부분이 맥주를 마시는 사람과 관련이 있다. 가장 새로운 감동, 가장 최신의 것, 가장 훌륭한 것에 대한 이들의 갈증이 바로 크래프트다. 오늘날 맥주세계는 명백하게 재미와 흥분으로 가득하다. 이 멋진 분위기가 절대 사라지지 않기를 희망한다.

리처드 – 크로스데일

Contents

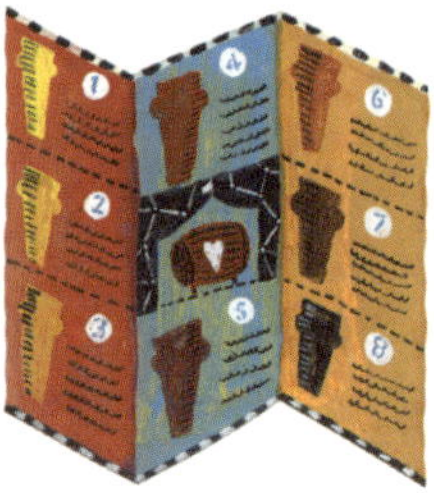

A

→ Alcohol, 20쪽
→ Attenuation, 31쪽

ABV 알코올 도수

BEER CULTURE

ABV는 Alcohol By Volume의 약자로 알코올 도수를 나타내는 국제표준단위이다. ABV는 용매 속에 존재하는 순수한 에탄올의 양을 의미하며 퍼센트(%)로 표기한다. 혹시 혼란스러울지도 모르겠지만, 미국에는 정확히 같은 알코올 도수 세기를 나타내는 또 다른 방법으로 알코올 프루프alcohol proof라는 것이 있다. 알코올 프루프는 ABV를 단순히 두 배한 것이다. 예를 들어, 42% ABV는 미국에서 84 proof로 표기한다.

→ Hangover, 113쪽
→ Off flavors, 165쪽

Acetaldehyde 아세트알데하이드

FAULT

익은 과일이나 맥주에서 자연스럽게 발생하는 화학물질로 청사과를 연상하게 하는 시큼한 시더(Cider, 영국 등 유럽에서 마시는 사과발효주 – 역주)와 같은 향이다. 맥주에서 이취off flavour로 간주한다. 발효 과정 중, 당이 알코올로 전환되는 중간단계에서 효모에 의해 발생되며 발효가 완전히 이루어지지 않으면(즉, 어떤 이유에서든지 효모가 자신의 일을 끝내지 못하면) 과도한 아세트알데하이드가 맥주에 남게 된다. 또한 아세트알데하이드는 알코올이 산소에 노출되었을 때도 발생하게 된다. 특히 홈브루잉 맥주에서 이런 문제점이 나타나는데, 발효가 끝난 후 우연히 산소에 노출된 맥주에서 아세트알데하이드가 생성되기도 한다. 만약 맥주가 박테리아에 오염되면 아세트알데하이드는 매우 강한 식초와 같은 향을 내는 초산acetic acid으로 전환되어 더 골치 아픈 상황이 발생할 수도 있다.

→ Flanders Red/Brown, 96쪽
→ Lambic, 145쪽
→ Off flavors, 165쪽
→ Oxidation, 168쪽
→ Sour, 211쪽

Acetobacter 아세토박터

SCIENCE

아세토박터는 와인과 맥주에서 초산을 생성하는 박테리아로, 람빅, 플란더스 레드에일, 그리고 나무배럴에서 숙성되는 몇몇 맥주들에서 찾을 수 있지만, 양조 중에 일부러 사용되는 경우는 거의 없다. 왜냐하면 아세토박터는 에탄올을 대사하여 식초와 피클주스를 연상시키는 시큼한 캐릭터를 만들기 때문이다. 이를 위해서는 지속적인 산소공급이 필요하다.

→ American Lager, 24쪽
→ Corn, 75쪽
→ Oats, 165쪽
→ Rice, 192쪽
→ Rye, 195쪽
→ Wheat, 240쪽

Adjunct 부가물

INGREDIENT

매쉬의 주재료인 보리 몰트malted barley를 보완해주는 미발아 곡물unmalted grain들을 의미한다. 부가물은 다양한 목적을 위해 사용된다. 보통 아메리칸 라거에는 비용을 낮추기 위해 옥수수나 쌀과 같은 부가물을 넣기도 하고 풍미(flavor, 비강을 통해서 느껴지는 향으로 이 책에서는 풍미로 번역한다 – 역주), 향, 색깔, 텍스처(texture, 입안에서 느껴지는 다양한 맥주의 질감을 의미한다 – 역주)와 같은 특성을 의도하기 위해 사용하기도 한다. 밀맥주, 오트밀 스타우트, 호밀맥주와 같이 많은 인기가 있는 크래프트 맥주들은 몰트 풍미를 더하기 위한 열쇠로서 부가물을 사용한다. 심지어는 IPA와 같이 부가물이 풍미에 영향을 크게 미치지 않는 스타일에 사용하는 경우도 있다. 예를 들어, IPA 같은 스타일에서는 헤드의 지속력을 향상시키거나 더 부드러운 마우스필을 만들기 위해 소량의 밀을 첨가한다.

→ Autolysis, 32쪽
→ Barley wine, 37쪽
→ Imperial Stout, 131쪽
→ Off flavors, 165쪽
→ Oxidation, 168쪽
→ Secondary fermentation, 202쪽

Ageing 숙성

HOME BREWING

맥주에 적합한 환경이 조성되어 있다면 집에서 맥주를 숙성시키는 것은 쉽고, 재미있으며, 많은 정보를 얻을 수 있다. 시간

이 지남에 따라 맥주에서 생기는 흥미로운 변화들을 관찰할 수 있기 때문이다. 숙성을 위한 일반적인 규칙은 다음과 같다. 어둡고 건조하며 선선한 환경(13~18℃)이 필요하다. 물론 약간의 변동은 크게 문제되지 않는다. 더 중요한 것은 일정한 온도를 유지하는 것이다. 병내 이차숙성bottle-conditioned를 하는 에일이나 일부 자연적인 작용이 남아있는 맥주에서는 숙성으로 인한 아주 흥미로운 현상을 발견할 수 있다. 예를 들어, 람빅과 같은 벨기에의 사우어 맥주에서는 야생효모와 박테리아 같은 야수들이 맥주의 화학 조성물을 활발히 변화시켜 신맛의 복합성을 풍성하게 한다. 발리와인이나 임페리얼 스타우트 같이 강하고 무거운 에일들은 숙성이 필요한 1순위 후보들이다. 왜냐하면 숙성으로 인해 이런 맥주들이 가지고 있는 다소 거친 면들이 더 풍부하고 복잡한 풍미로 변화되기 때문이다. 대부분의 맥주들은 숙성이 진행됨에 따라 드라이해지는 경향이 있다. 또한 단맛과 홉의 강도가 모두 떨어지기 때문에 몰트 캐릭터와 와인 풍미를 띄는 검은 과일dark fruit의 향이 전면에 올라올 수 있다. 숙성은 일반적으로 이취로 여겨질 수 있는 향들을 만든다. 하지만 이런 향들은 경우에 따라 이취가 아닐 수도 있으며 맥주의 특징을 보완하기도 한다. 예를 들어, 흔히 종이 맛이 나는 이취를 발생시키는 산화는 짙은 색의 맥주에 셰리주와 같은 풍미를 줄 수 있으며 효모자가분해로 인한 향은 자극적인 감칠맛을 더해줄 가능성도 있다. 그러나 숙성이 과도하게 진행될 수 있기에 주의가 필요하다. 세심하게 숙성시킨 맥주를 개봉했을 때 최고의 상태가 이미 지난 것을 알게되는 것보다 더 실망스러운 일도 없다.

Alcohol 알코올

SCIENCE

→ ABV, 17쪽
→ Esters, 86쪽
→ Fermentation, 89쪽
→ Hangover, 113쪽

양조에서 알코올이 무엇인지를 묻는 것은 판도라 상자 속에 있는 것들을 밝혀내는 것과 같은 일이다. 맥주에서 알코올은 넓은 의미에서 에탄올과 동의어이다. ABV로 표기되는 부분이 바로 우리가 말하는 에탄올의 수치인 것이다. 그러나 맥주는 메탄올, 프로판올, 이소부탄올, 페닐에탄올을 포함하는 소량의 다른 알코올들도 가지고 있다. '-올'로 끝나는 이 심상치 않은 것들을 많이 섭취하면 건강에 해로울 수 있다(공정하게 말해 우리가 애용하는 에탄올도 마찬가지지만). 그러나 풍미 측면에서 그 자체는 물론 발효 시 만들어지는 다양한 맛 성분의 전구체로서 유용할 수 있다. 소위 '고급' 또는 프로판올 같은 '퓨젤' 알코올들은 중요한 풍미 요소로서 역할하며, '깨끗한' 라거 맥주보다 에일 맥주에서 보통 더 강하게 느껴진다. 이 퓨젤 알코올들이 우리 몸속으로 들어오면, 악명 높은 숙취 물질인 알데하이드로 전환되며. 때로는 향기로운 에스테르로 변해서 서양배, 사과, 살구와 같은 맛있는 과일 풍미를 맥주에 부여하기도 한다.

Ale 에일

STYLE

→ Fermentation, 89쪽
→ Lager (definition 1), 142쪽
→ Yeast, 247쪽

맥주 분류법에서 맥주는 기본적으로 두 가지로 분류되는데, 하나는 에일이고 다른 하나는 라거다. 에일 효모ale yeast는 사카로마이세스 세레비시아Saccharomyces cerevisiae라는 종으로 발효조의 윗부분에서 발효를 진행하기 때문에 상면발효효모top-fermenting yeast라고 한다. 에일 효모는 라거 맥주를 만드는 데 사용하는 하면발효효모bottom-fermenting yeast보다 더 높은 온도에서 활동하며 더 많은 향과 풍미뿐만 아니라 더 많은 탄산과 에탄올을 만들어낸다. 따라서 에일은 라거보다 일반적으로 풍미와 캐릭터 측면에서 효모의 영향을 더 많이 받는다고 할 수 있다.

Alpha acid 알파산

SCIENCE

→ Bitterness, 50쪽
→ Boil, 51쪽
→ Hops, 123쪽
→ Hops, bittering, 124쪽

홉의 루풀린(lupulin, 홉송이 안에 있는 노랗고 끈끈한 물질 – 역주)에 존재하는 알파산은 맥주의 풍미에 중요한 역할을 한다. 맥주 제조의 자비 혹은 끓임 단계에서 알파산은 이성

화isomerization라고 불리는 과정을 통해 이소알파산iso-alpha acid로 변하는데, 이 이소알파산이 맥주의 쓴맛을 만든다. 알파산의 양은 홉의 종류에 따라 다양하며 보통 건조 홉의 중량 대비 퍼센트(%)로 표시된다. 예를 들어, 할러타우Hallertau 같은 전통적인 노블 홉은 2.5~5%의 알파산을 가지고 있으며, 반면에 치눅Chinook 같은 신세계 홉은 14%의 알파산을 가지고 있다. 또한 알파산은 풍미적인 특성뿐만 아니라 맥주를 오염시킬 수 있는 박테리아의 성장을 억제하는 역할을 한다. 이런 항균작용은 양조 시 홉이 사용된 원천적인 이유이기도 하다.

Amber Ale 앰버 에일

STYLE

보통 크래프트 맥주로 전향하는 많은 사람들이 접하는 첫 번째 맥주 스타일 중 하나인 앰버 에일은 그전까지 마시던 평범한 '대기업 맥주'와는 다른 캐릭터를 보여준다. 그렇다고 해서 페일 에일처럼 모험심은 필요치 않다. 전형적인 앰버 에일은 향 측면에서는 많은 것을 보여주지 않는다. 하지만 적절한 쓴맛과 몰트의 풍미가 만들어내는 균형감은 앰버 에일의 가장 큰 매력이다. 캐러멜 몰트에서 나오는 태운 설탕과 건과일의 풍미는 앰버 에일이 만들어내는 쇼의 주인공이다.

America 미국

ORIGIN

→ Adjunct, 18쪽
→ American lager, 24쪽

옥수수나 쌀 등의 부가물을 다량으로 사용하여 양조를 한다는 것을 제외하면, 미국은 의미 있는 양조 전통을 가지고 있는 나라는 아니다. 하지만 미국인들은 이런 것에 기죽지 않고 다른 나라의 맥주 스타일과 양조 기술들로부터 힘겹게 얻은 지식들을 적용하여 새롭고 환상적인 맥주들을 만들어냈다. 미국 홉으로부터 나오는 풍부한 과일향과 아주 높은 ABV를 갖고 있는 잉글리시 IPA부터 강하고 복합적인 벨기에 스타일의 트리펠까지, 미국의 크래프트 브루어들은 더 이상 도움을 필요로 하지 않는 것처럼 보인다. 사실 양조에 있어 진정한 장인정신은 당연히 유럽에서 시작되었지만, 다양한 아이디어와 진보적 정신을 바탕으로 한 '크래프트' 양조는 미국이 원조이다. 만약 이러한 정신이 미국에서 시작되지 않았다면 우리는 지금처럼 다양한 스타일과 기술의 르네상스를 즐길 수 없었을 것이다.

→ NEIPA, 161쪽
→ Pale Ale, 169쪽
→ West Coast IPA, 239쪽

American IPA 아메리칸 IPA

STYLE

아메리칸 IPA는 아메리칸 페일 에일American Pale Ale의 공식을 가져와 더 높은 알코올과 대놓고 때려 넣은 많은 홉으로 페일 에일의 라디오 볼륨을 최대치로 올렸다. 종종 DIPA로 불리는 더블IPA와 임페리얼 IPA까지 등장하며 그 볼륨은 점점 더 올라가고 있다(DIPA와 임페리얼 IPA는 일반적인 IPA보다 더 높은 알코올과 홉향을 가지고 있는 에일이다 – 역주). 이 스타일은 너무 유명해져서 현재 여러 개의 하위 스타일이 존재하며, 이 하위 스타일들은 그 자체만으로 언급할 만한 가치가 있다. 왜냐하면 이 스타일들은 IPA의 원래 모습과는 꽤 다른 모습으로 변형됐기 때문이다. 웨스트코스트 IPA는 굉장히 크리스피하고 매우 드라이한 바디를 가지고 있는 IPA로, 풍성한 홉향과 매우 약한 몰트 풍미를 가지고 있다. 반면에 NEIPA로 알려져 있는 노스이스트 IPA는 불투명한 투명도와 걸쭉한 텍스처, 쥬시juicy한 홉향, 그리고 밝은 색깔을 가지고 있는 IPA이다.

→ Adjunct, 18쪽
→ Corn, 75쪽
→ Macro-brewing, 149쪽
→ Rice, 192쪽

American Lager 아메리칸 라거

STYLE

세계에서 가장 많이 판매되는 라거 맥주로, 주로 쌀과 옥수수 같이 싸고 넘쳐나는 부가물을 몰트와 섞어 만든다. 보통 총 매쉬 중량의 약 25%정도 첨가한다. 몇몇 맥주들은 감히 50% 이상의 부가물을 넣기도 하지만, 사실 가격은 사용되는 부가물의 양과 반비례한다. 아메리칸 라거의 특성은 크게 논할 만한 것이 없다. 매우 약한 몰트 풍미와 희미한 쓴맛, 종종 옥수수에

서 오는 느끼한 단맛이 있을 뿐이다. 오늘날의 어드정트 라거(adjunct lager, 부가물을 넣어 만든 라거)의 기원은 19세기말에서야 시작되었으며 오랫동안 멈추지 않을 것으로 보였다. 그러나 어드정트 라거의 영향력은 그의 자손, 즉 흐리멍텅한 눈과 사악한 기운이 흐르는 아메리칸 라거 옆에서 빛이 바랜다. 1940년대 꿈틀거린 이 혐오스런 맥주는 버섯류에서 나온 효소를 사용하여 곡물 안에 있는 모든 전분을 당으로 만들기 때문에 풍부한 알코올과 낮은 칼로리를 가지고 있다. 원래는 여성들을 대상으로 한 '다이어트' 맥주로 홍보되었으나, 이후에 '가벼운'light 맥주로 브랜딩되어 남성들에게도 팔렸다. 남성들은 떼를 지어 아메리칸 라거를 구매했고, 지금은 규모가 '뚱뚱한' 아메리칸 라거가 되었다. 여기에는 역사적인 배경이 있다. 미국의 초창기는 아주 힘들었던 시기로, 보리는 매우 귀했지만 옥수수는 아주 흔한 곡물이었다. 이러한 배경 때문에 어드정트 맥주가 16세기부터 미국에서 만들어졌던 것이다.

→ American IPA, 24쪽
→ IPA, 132쪽
→ Pale ale, 169쪽

American Pale Ale 아메리칸 페일 에일 STYLE

전형적인 미국의 크래프트 맥주이며 전 세계적인 혁명을 일으킨 맥주 스타일이다. 아메리칸 페일 에일(APA라고도 한다)은 전통적인 잉글리시 페일에일English pale ale과 비터bitter를 바탕으로 창조되었는데, 캐러멜이나 건포도와 같은 몰트에서 나오는 풍미와 솔향, 감귤향, 꽃향과 같이 미국 홉에서 나오는 향이 균형감을 이루고 있다. 항상 논쟁이 되는 주제이긴 하지만, 샌프란시스코에 위치한 앵커 브루어리Anchor Brewery가 1975년에 출시한 리버티 에일Liberty Ale이 APA의 원조라고 여겨진다. 5년 뒤에 시에라네바다Sierra Nevada의 시에라네바다 페일 에일이, 이후 블라인드 피그 브루어리Blind Pig Brewery의 인오규랄 에일Inaugural Ale이 시장에 출시되었다. 홉향 가득한 맥주의 인기가 확산되면서 요즘 시장에 출시되는 APA 맥주들은 강력한 홉향을 가지고 있기는 하지만, 사실 오리지널 APA에서는 몰트와 홉의 절묘한 밸런스가 중요하다.

Aroma 아로마, 향

TASTING

→ Essential oils, 85쪽
→ Hops, 123쪽
→ Hops, aroma, 124쪽

아로마, 즉 향은 복잡한 녀석으로 우리가 생각하는 것보다 맥주를 경험하는 데 훨씬 더 중요한 역할을 한다. 우선, '냄새'라는 감각은 근본적으로 감정과 오래된 기억을 담당하는 뇌의 한 부분과 직통으로 연결되어 있다. 아주 한줌의 작은 향이라도 친숙하다면 믿을 수 없을 정도로 생생하게 특정 시간이나 장소를 떠올리게 한다. 더 나아가 생리학적으로 '맛'은 단지 혀라는 엉성한 감각 기관 위에서만 느껴지는 존재가 아니다. 마시거나 삼키는 동안 나오는 향들은 비강 안의 감각 수용체로 들어가 미뢰에서 나온 정보들과 무의식적으로 혼합되어 더 복잡한 심상을 만들어낸다.

맥주의 향을 제대로 느낄 수 있게 도와줄 기법이 있다. 우선, 잔 속에 있는 맥주를 잘 휘돌리는 것이 좋다. 맥주가 잔의 내부를 코팅시켜 휘발성 향분자가 더 쉽게 위로 올라올 수 있기 때문이다. 숨을 한 번에 길게 들여 마시는 것보다 짧고 날카롭게 여러 번 들여 마시는 것도 향을 비강 끝까지 보낼 수 있는 방법이다. 어떤 시음자들은 입술 사이로 약간의 숨을 동시에 들여 마시는 것을 추천하기도 한다. 맥주의 향을 잘 맡는 가장 좋은 팁은 (와인, 위스키, 또는 어떤 형태의 음료도 마찬가지다) 그냥 연습을 많이 하는 것이다. 의식적으로 테이스팅을 더 많이 하면 할수록 여러 풍미와 향이 얽혀있는 맥주에서 오랫동안 잊고 지낸 감정과 기억들을 연상시키는 개별적인 특성을 더 잘 끄집어 낼 수 있을 것이다.

Artwork 아트워크

BEER CULTURE

→ Bottles, 55쪽
→ Breweriana, 59쪽
→ Cans, 65쪽

라벨과 캔 아트워크는 오랫동안 크래프트 맥주 씬scene의 중요한 부분이 되어왔다. 많은 성공적인 브랜드들은 눈에 바로 띄

고 차별화된 스타일을 만들어왔다. 멋진 디자인이라는 것이 맥주와 맥주 양조의 본질에서 벗어난다고 생각하는 몇몇 맥주 전통주의자들에게 이러한 아트워크는 큰 분노의 대상이었다. 크래프트 문화 주창자들은 아트워크가 쓸모없는 캔을 합법적인 예술의 경지로 끌어올렸다고 반박하며, 만약 이런 것들이 필요 없다고 생각한다면, 맥주는 단지 그것을 담는 종이봉투 정도의 맛을 낼 뿐이라고 이야기한다. 아트워크를 거부하는 명령불복종자들이여, 당신들은 예술과 맥주가 오래된 친구임을 명심해야 한다. 앤디 워홀과 그의 팝아트 동료들이 영감의 재료로서 상업 디자인을 이용하기로 한 시기보다 훨씬 전부터 이미 바스 에일Bass Ale의 아이코닉한 빨강 삼각형은 영국 최초의 상표로 등록되었다. 이때가 1876년이었는데, 심지어 6년 후, 에두아르 마네가 그린 폴리베르제르의 술집*A Bar at the Folies-Bergère*에서 바스 에일이 등장한다.

Attenuation 발효도

SCIENCE

→ ABV, 17쪽
→ Alcohol, 20쪽
→ Body, 51쪽
→ Fermentation, 89쪽
→ Gravity, 107쪽
→ Yeast, 247쪽

효모가 발효하는 동안 알코올과 탄산 그리고 풍미 물질로 전환시키는 당의 정도를 퍼센트(%)로 나타낸 값이다. 발효도는 효모의 종류, 발효 환경, 맥주의 비중에 따라 다르며 양조의 여러 부분을 계산해야 하는 브루어에게는 핵심적인 부분이다. 예를 들어, 많은 벨기에 맥주의 효모뿐만 아니라 웨스트코스트 IPA West Coast IPA에 사용되는 효모들은 드라이한 캐릭터를 만들어내기 위해 높은 발효도를 갖고 있다. 반면, 잉글리시 마일드 에일English-style mild ale은 발효되지 않은 잔당과 다소 낮은 ABV가 필요하기 때문에 효모가 그렇게 높은 발효도를 가질 필요는 없다. 브루어는 특정 맥주 효모의 발효도를 파악한 후 발효가 성공적으로 이루어졌는지 확인하기 위해 비중계를 이용할 수 있다. 맥주 효모들의 전형적인 발효도는 65~85%이다.

→ Ageing, 18쪽
→ Off flavors, 165쪽

Autolysis 효모자가분해

SCIENCE

맥주, 특히 오래된 맥주에서 발생하는 일반적인 이취off flavor로 효모가 죽고 난 후 터져서 나온 물질들 때문에 발생한다. 효모가 죽은 후 세포벽이 터지는 것을 효모자가분해라고 하며 짭조름한 간장 또는 탄 고무의 풍미와 향을 만든다. 하지만 적은 양이라면 짙은 색의 맥주dark beer나 올드 비어old beer 같은 숙성이 필요한 맥주에서 깊은 풍미를 더해주기도 한다. 몇몇 샴페인에서 토스트와 같은 느낌이 나는 것도 똑같은 과정 때문이다. 효모자가분해는 발효하는 동안 효모에게 가해지는 과한 스트레스로 인해 발생한다. 예를 들어, 급격한 온도변화 (스트레스를 받고 행복하지 않은 효모들은 보통 효모자가분해 되는 경향이 강하다) 또는 단순히 발효가 끝난 맥주에 죽은 효모를 오래 남겨두었을 때 효모자가분해가 일어나기도 한다.

B

→ Acetobacter, 18쪽
→ Cleaning, 69쪽
→ Lactobacillus, 141쪽
→ Pediococcus, 170쪽
→ Sour, 211쪽

Bacteria 박테리아

SCIENCE

의도적이든 아니면 부주의에 의한 것이든, 발효 중에 박테리아가 존재한다는 것은 극적인 효과를 만들 수 있다는 의미다. 효모처럼 이 벌레들도 맥즙 속의 당을 사랑한다. 그러나 이것들이 주로 만드는 것은 알코올이 아닌 산acid이다(산의 종류는 박테리아에 따라 다르다). 대부분의 양조 전통과 맥주 스타일에서 박테리아 오염에 의한 신맛은 주요 결점으로 여겨진다. 그러나 어떤 스타일에서는 신맛이 맥주 특성을 결정짓는 역할을 하기도 한다. 의도적으로 사용되었을 경우, 박테리아는 주어진 환경(공기 또는 발효조의 표면)을 통해 맥주를 오염시키는 것이 허락된다. 박테리아는 끈질긴 생명력을 가지고 있기 때문에 원치 않는 오염을 피하기 위해서는 철저한 청결 프로그램이 필수적이다. 브루어가 의도적으로 사우어 맥주를 만들고 난 다음, 기존 맥주 효모만으로 발효과정이 진행될 수 있는 환경으로 되돌리려면 특별한 관리가 행해져야 한다. 펍과 바bar도 마찬가지인데, 탭과 라인을 제때 청소하지 않거나 교체하지 않으면 박테리아가 생길 수 있다.

→ Carbonation, 66쪽
→ Hops,123쪽

Balance 균형감

TASTING

맥주의 다양한 풍미요소(주로 몰트의 단맛과 홉의 쓴맛) 간의 상호작용을 의미한다. 대부분의 맥주 스타일은 몰트 또는 홉 중 하나에 더 치우치곤 하지만, 사실 이 두 가지 맛은 전체적으로 상호보완적이며 조화로워야 한다. 균형감에 대한 판단은 대부분 주관적이며 단맛과 쓴맛 사이의 '기브 앤 테이크'가 핵심이긴 하나, 이외에도 시큼함acidity, 몰트의 로스팅 정도, 탄산감과 같은 다른 잠재적인 요소에 의해서도 영향을 받는다.

Barley 보리

INGREDIENT

→ Enzymes, 85쪽
→ Malting, 150쪽
→ Mash, 153쪽
→ Sparge, 212쪽

보리(Hordeum vulgare, 보리의 라틴명)는 세계에서 가장 오래 경작된 곡물 중 하나로 1만 3천 년 동안 경작되어 왔다. 보리는 풍부한 견과류의 풍미와 지속적으로 씹을 수 있는 질감을 가지고 있으며 맥아당maltose 같은 당을 풍부하게 가지고 있어 인류가 생명을 유지하는 데 필요한 중요 곡물 중 하나였다. 고대 그리스와 이집트에서는 값싼 빵을 만드는 데 보리가 사용되었으며, 그 과정에서 맥주를 만드는 최적의 재료임을 알게 되었다. 학술적으로 풀 과科인 보리는 야생에서는 키가 크고 가늘며, 맨 위쪽에 여러 개의 이삭이 있는데 여기에서 알곡들이 나온다.

보리가 몰트로 변하면 내부 깊은 곳에 보관되어 있던 맛있는 당을 내보내는 효소를 만들어낸다. 식물들은 이런 당을 발아를 위한 에너지로 사용한다. 그러나 발아과정이 이른 시기에 중단되면 그 당들은 맥주의 기본적인 단맛과 풍미 또는 발효를 위한 재료가 된다. 오늘날 1억 5천만 톤의 보리가 매년 생산된다. 지금의 보리는 바빌론 시대의 야생보리와는 꽤 다르다. 우리에게 필요한 특성만을 취하는 선택적 재배를 했기 때문이다. 보리에는 두줄보리와 여섯줄보리의 두 종류가 있다. 두줄보리는 전통적인 종으로 알곡들이 중앙 부분에서 두 줄로 형성되며 단백질 함량이 낮다. 여섯줄보리는 또 다른 유전적 변종으로 알곡들이 세 개의 이삭에서 나와 여섯 줄로 자란다. 단백질과 효소가 많아 맥주 혼탁을 유발할 수 있다. 그러나 수율이 높아 훨씬 경제적이다. 보리는 근본적으로 양조에 필요한 당의 원천일 뿐만 아니라 맥주에 색깔과 풍미, 텍스처를 만들어준다. 싹

이 튼 보리는 곧 건조되며 때로는 로스팅 과정을 거치는데, 이는 풍미형성의 핵심 과정이다. 맥주양조에서 다른 곡물들도 종종 사용되지만, 보리몰트는 다양한 이유 때문에 여전히 스타로 남아있다. 그중 한 이유로, 보리몰트가 유용한 껍질을 가지고 있다는 것을 들 수 있다. 이 껍질은 곡물을 외부로부터 보호해 주고, 매쉬를 무르게 유지시키며, 라우터링하는 동안 여과층을 만든다. 또한 보리는 밀보다 더 쉽게 몰트로 만들 수 있고 단백질 함량도 더 낮다. 더구나 싸고 키우기 쉽다는 장점도 있다. 마지막으로 보리는 밝은 색과 중성적인 성질을 가지고 있어 귀리, 옥수수, 쌀과 같은 곡물을 첨가할 수 있다. 이런 특성을 가지고 브루어는 최종 생산물을 더 자유롭게 다루어 우리가 사랑해 마지않는 다양한 맛의 맥주를 만들어낸다.

Barley Wine 발리 와인

STYLE

→ Barrel-ageing, 37쪽
→ Wee Heavy, 236쪽

그리 많지 않은, 아주 강한 영국 에일 중 하나인 발리 와인은 전통적으로 시골에서 겨우내내 양조되었던 맥주 스타일이다. 최초의 상업 발리 와인은 20세기 초 바스에서 출시된 맥주로 "No. 1 strong ale"이라고 라벨링 되었다. 발리 와인은 스코티시 위 헤비Scottish wee heavy의 캐릭터와 비슷하나 일반적으로 더 밝은 색을 가지고 있고, 강한 몰트의 단맛과 균형감을 이루는 홉의 풍미가 느껴진다. 풍부한 과일향이 나며 노블 홉noble hop에서 나오는 스파이시함이 전체적인 균형을 이루어 독특한 크리스마스 느낌을 건네준다. 종종 배럴 숙성이 된 것들은 더 복합적인 풍미를 갖기도 한다.

Barrel-ageing 배럴 숙성

BREWING

→ Barley Wine, 37쪽
→ Imperial Stout, 131쪽

나무 배럴은 1천 년 이상 존재하며 모든 술의 중심에 있었다. 그리고 이를 만드는 배럴 장인, 쿠퍼cooper 또한 긴 시간동안 존경을 받아 왔다. 모든 갈색 증류주에서 우리가 즐기고 있는 풍미는 술이 담겨 있던 나무의 복잡한 화학조성과 켜켜이 숨어 있는 속살에서 나온다. 와인 역시 중요한 특징 중 많은 부분들이 배럴을 통해 만들어진다. 즉, 배럴은 단순히 저장과 편리만을 위한 용기가 아니라는 것이다. 대부분 배럴은 오크나무로 만든다. 보통 미국에서는 화이트 오크종이, 유럽에서는 로브 참나무종이 나오며, 둘 다 풍미와 외부환경으로부터의 수밀 능력이 탁월하다.

수밀 능력이 있다는 사실이 중요하다. 오크는 미세한 구멍들을 가지고 있어, 담겨있는 것이 무엇이든 그것의 특성을 흡수하고, 심지어 자신의 풍미를 입히기도 한다. 대기압과 온도의 변화가 이러한 과정을 돕기도 하는데, 담긴 액체가 그 변화로 인해 다공성 표면을 효과적으로 왔다갔다하기 때문이다. 버번, 스카치 위스키, 와인 등의 다른 술을 담았던 배럴을 재사용하려는 브루어들에게 맥주와 배럴, 그리고 이전에 스며들었던 다른 술의 특성이 만드는 상호작용은 풍미와 향에 있어 귀중한 보물과도 같은 존재이다. 그러나 배럴 숙성이 단순히 맥주에 추가적인 풍미만을 더해주는 것은 아니다. 그 고요한 용기 안에서는 여러 물질이 결합하고 분해되고 숙성하여 복합적인 풍미와 향을 만드는 복잡한 화학변화가 일어난다. 배럴을 일회용품으로 생각하는 위스키 메이커들조차 이 화학변화를 이제 막 이해하기 시작했다. 몇몇 스타일들은 배럴 숙성에 훨씬 적합하다. 예를 들어 임페리얼 스타우트나 발리 와인과 같은 스타일은 청량하고 시원한 필스너보다 배럴의 특징을 더 잘 품고 있다.

Beard 수염

BEER CULTURE

크래프트 맥주 서클(크래프트 맥주 문화를 좋아하고 추종하는 사람들을 의미하며 크래프트 씬이라고도 함 – 역주)에서 수염은 흔하게 볼 수 있다. 적어도 남자들 사이에서는 말이다. 수염의 길이는 종종 그 개인이 속해있는 크래프트 씬의 사회적인 지위와 관련있지만, 모양은 개개인의 취향과 양심에 따르고는 한다. 수염이

단지 개성을 표현하거나 꾸미기 위해서만 필요한 것은 아니다. 오리건에 있는 로그 에일 브루어리Rogue Ales의 'Beard Beer'는 헤드브루어인 존 메이어John Maier의 수염에서 배양한 효모를 이용해 만들었다. 놀랐는가? 그러나 맛있다.

Beer belly 맥주 배

DRINKING

맥주가 똥배를 만든다는 보장은 없지만 많은 칼로리를 가지고 있고 과도하게 마시면 살이 찐다는 것은 분명한 사실이다. 맥주는 탄수화물과 여러 종류의 당을 포함하고 있으며 (그 자체로 당인) 알코올은 대략 그램당 7칼로리를 숨기고 있다. 이는 순수 지방이 만들어내는 열량이다.

따라서 스타우트와 에일은 한 파인트(영국에서 1파인트는 568ml에 해당한다 – 역주)에 약 250칼로리를 가지고 있는데, 이는 일일 권장량에 달하는 훌륭한 양이다. 설상가상으로 알코올은 식욕을 돋우어 과식을 하게 만든다. 게다가 맥주는 물을 띄엄띄엄 마시게 하는 좋은 핑계이기도 하다.

Beer fear 비어 피어

DRINKING

→ Drunkenness, 81쪽
→ Hangover, 113쪽

모두 한 번쯤은 경험해봤을 것이다. 새벽 3시, 맥주가 선사한 달콤한 선잠에서 갑자기 깨어난다. 기분을 좋게 만들었다고 생각한 그 한잔이 지금은 사뭇 다른 느낌으로 다가온다. 그렇다. 어젯밤 나는 뭔가 창피한 말과 행동을 했고 모두가 그 모습을 애처롭게 바라보고 있었다. 핸드폰은 아마도 화장실에 두고 온 것 같다.

자, 이게 바로 우리가 과음한 다음날 이불킥을 차게 하는 비어 피어다. 알코올은 잘 알려진 진정제로서 다양한 방법으로 뇌에 영향을 미치는데, 뇌가 좋아하는 영양분을 감소시키고 없애버려 호르몬 반응을 유발하게 한다. 여기에다 통증, 구역질, 어지럼증 같은 숙취의 불쾌한 신체증상이 더해진다. 그리고 세상이 뭔가 엄청나게 잘못 돌아가고 있다는 결론을 내리기도 어렵지 않다.

→ Germany, 103쪽
→ Oktoberfest, 166쪽

Beer hall 비어홀

DRINKING

독일 바이에른의 주도인 뮌헨에서 시작된 특별한 형태의 펍이다. 지금은 독일의 다른 지역과 세계 전역에서도 찾아볼 수 있다(특히 19세기 후반부터 20세기 초반 미국으로 온 독일 이민자가 많은 지역에 있다). 비어홀은 굉장히 넓고 높은 천장을 가지고 있으며 보통 수백 명(때로는 수천 명)의 사람이 긴 공용벤치에 앉아서 맥주를 마신다. 대부분의 비어홀은 특정 브루어리에 소속되어 있고 그 자리에 소규모 브루어리를 갖고 있으며 바이에른 지역의 전통 맥주와 음식이 서빙된다.

→ Drunkenness, 81쪽

Beer jacket 비어 재킷

DRINKING

꽤 추운 날씨다. 그러나 맥주 몇 잔을 마시니 그리 춥게 느껴지지 않는다. 당신은 지금 따뜻한 비어 재킷을 입고 있다. 정말로 따뜻하게 느껴지겠지만, 실제는 여러분이 생각하는 것과는 다르다. 알코올을 섭취한 후 우리 몸에 나타나는 여러 현상 중 하나는 온몸의 미세혈관이 확장되는 것인데, 이는 우리 몸, 특히 손과 발에 온기를 느끼게 한다. 그러나 우리 몸의 특정 부분에 따뜻한 피를 보내는 것은 우리의 기분을 좋게 만들지언정, 실제로는 중심체온을 떨어뜨린다. 만약 춥다고 느낀다면 맥주를 멀리하라.

→ Artwork, 28쪽
→ Breweriana, 59쪽

Beer mats 비어 매트

DRINKING

비어 매트 또는 비어 코스터는 1880년대 독일에서 시작된, 상업 맥주 광고의 초기 형태 중 하나였다. 그러나 40년이 지나서야 전 세계로 전파되었다. 약 55억 개의 비어 매트가 매년 제작되며 단지 두 개의 회사가 전체 시장을 독점하고 있다. 액체를

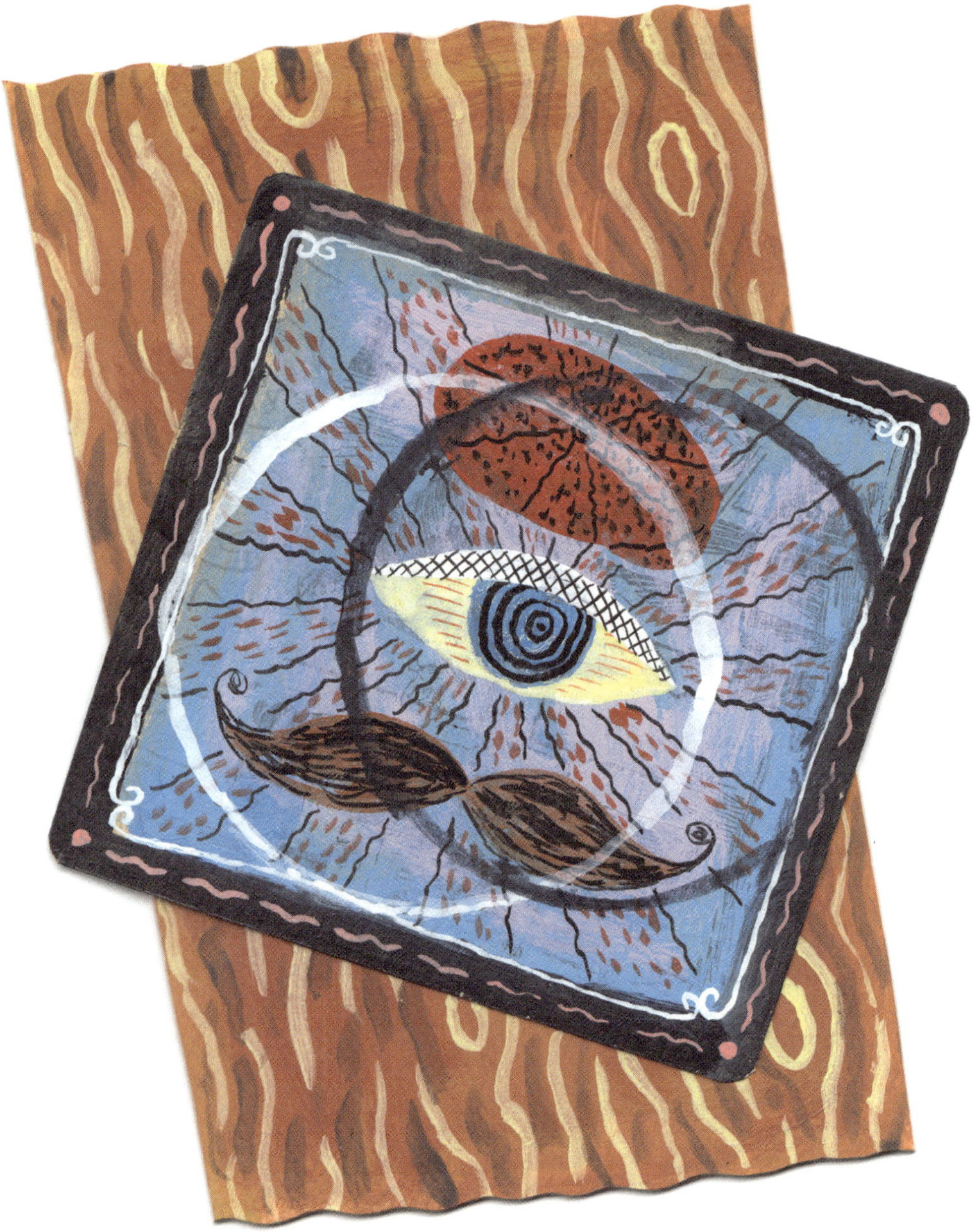

흡수하도록 고안되었으며 원래는 재사용할 수 없으나 어떤 것은 수집용으로 제작되기도 한다. 테게스톨로지Tegestology는 갈대 매트를 의미하는 'teges'에서 유래한 단어로 비어 매트를 수집하는 취미를 의미한다. 매우 열성적인 비어 매트 수집가들이 존재하며 이들은 인터넷 포럼이나 경매 사이트에서 오래되거나 새로운 비어 매트에 대한 정보를 공유하고 거래한다.

Beer pong 비어퐁 DRINKING

미국의 전통적인 맥주 마시기 게임으로 1950년대에 뉴햄프셔의 다트머스 대학에서 시작되었다고 여겨진다. 보통 두 팀으로 진행되며, 긴 탁자의 양 끝에 팀별로 맥주를 담은 컵들을 놓아둔다. 차례로 상대편 컵에 탁구공을 던져서 들어가면("make"라고 외친다), 상대는 그 안에 있는 맥주를 마셔야 한다. 만약 크래프트 맥주로 이 게임을 진행한다면, 미안하지만 당신은 좋은 맥주를 마실 자격이 없다.

Belgian Blonde 벨지안 블론드 STYLE

→ Esters, 86쪽
→ Pilsner, 174쪽

밝은 필스너라는 골칫거리에 대응하기 위해 등장한 벨기에 에일이다. 균형감이라는 면에서는 확연하게 몰트 쪽으로 쏠려있다. 이 마시기 쉬운 밝은색 에일은 1920년대에 등장했으며 캐러멜과 같은 섬세한 몰티(malty, 몰트에서 느낄 수 있는 향과 풍미를 몰티하다고 한다 – 역주)함이 홉의 쓴맛과 벨기에 효모가 건네주는 고전적인 과일 에스테르를 배경으로 멋지게 어우러진다.

Belgian Golden Ale 벨지안 골든 에일 STYLE

→ Tripel, 228쪽

수도원 맥주인 트리펠과 많은 캐릭터를 공유하는 맥주로, 두벨Duvel이나 델리리움 트레멘스Delirium Tremens 같은 벨지안 골든 에일은 알코올 도수(11%까지 올라간다)와 향, 풍미에서 매우 강력한 펀치를 날린다. 몰트를 확연하게 느낄 수 있지만 매우 크리스피(crispy, 크리스피는 매우 건조한 질감을 의미한다 – 역주)하다. 또한 깔끔한 노블 홉(noble hop, 우아한 풍미를 주는 유럽 홉을 의미 – 역주)의 쓴맛은 드라이한 바디와 효모의 스파이시(spicy, 스파이시는 향신료와 같은 자극적인 풍미를 의미 – 역주)한 느낌과 아주 훌륭한 조화를 이루고 있다.

Belgium 벨기에

ORIGIN

→ Phenols, 173쪽
→ Trappist, 227쪽

북유럽의 한 작은 나라로, 정말 많은 무식한 농담의 대상이기도 하지만 훌륭한 맥주들의 고향이기도 한 벨기에에서는 수많은 브루어리와 펍을 만날 수 있다. 간단히 말해, 벨기에 사람들은 철기시대부터 맥주와 함께 해왔다. 이들의 맥주는 영국과 독일의 훌륭한 양조전통과 많은 뿌리를 공유하지만 워낙 독특해서 (그리고 때로는 정말 괴상해서) 다른 나라의 맥주들은 좋게 말해 다 똑같아 보일 정도이다. 플랜더스의 낮고 평평한 아름다운 농장부터 브뤼셀의 지붕과 트라피스트 수도사들의 신성한 양조에 이르기까지, 전통과 혁신, 장인정신, 신비주의, 실용성을 독특하게 섞어놓은 벨기에는 우리가 이해하는 '스타일'을 뛰어넘는 많은 맥주를 탄생시켰다. 양조전통과는 먼 곡물과 과일, 향신료와 같은 색다른 재료들을 사용해 특별한 결과를 만들어내는 양조기술은 고분고분한 맥주들이 아닌 특별한 맥주들을 가능하게 했다. 이 모든 것 중 가장 중심에 있는 것이 효모이다. 영국과 미국 브루어리들이 아주 적은 종류의 효모(독일 라거들은 기본적으로 두 개만 사용)만을 사용한 반면, 벨기에는 진정한 효모 사랑꾼이다. 람빅에 살고 있는 매혹적인 야생효모들을 차치하고서라도 벨기에 효모들은 맛깔 나는 과일 풍미에서 중동의 스파이시한 향신료 풍미를 지나 날카로운 페놀의 느낌까지 다양한 특성을 보여준다.

→ Lactobacillus, 141쪽
→ Sour, 211쪽

Berliner Weisse 베를리너 바이세

STYLE

몇 세기 동안 힘들게 버텨온 멋진 맥주다. 지속적으로 생산량이 줄고 있으며 관광지화 된 베를린의 바bar에서도 큰 인기를 끌고 있지 못하고 있다. 베를리너 바이세에 라즈베리 시럽이나 우드러프woodruff 추출물을 넣어 서빙하는 불쾌한 관습은 마침내 사라진 것 같다. 왜냐하면 베를린에 있는 크래프트 맥주를 사랑하는 세대들이 이 맥주가 가지고 있는 단순함이라는 매력을 깨웠기 때문이다.

아무것도 섞지 않는다면 이 맥주는 청량감과 낮은 알코올 도수, 깨끗하고 요거트 같은 시큼함으로 더운 날씨에 갈증을 해소하기에 더 없이 좋다. 베를리너 바이세는 케틀 사우어링kettle souring을 하는 사우어 맥주이기 때문에 빨리 만들 수 있으며(케틀 사우어링은 끓임조에서 젖산발효를 하는 방식으로 짧은 기간 내에 신맛을 얻을 수 있고 소독에도 용이하다. 람빅이나 고제와 같은 맥주는 오픈 발효조에서 자연발효로 신맛을 내기 때문에 기한이 더 길다 – 역주), 신맛 초보자들이 비교적 쉽게 접근할 수 있다. 또한 과일 첨가물도 넣어 색다른 매력을 경험할 수 있다. 이 맥주의 부활을 이끄는 미국 크래프트 브루어들은 패션푸르트, 자몽, 복숭아, 심지어 라즈베리(최근까지 성공적이지는 않지만)를 넣고 있다.

→ Ageing, 18쪽
→ Off flavors, 165쪽
→ Oxidation, 168쪽

Best before 상미기한

BEER CULTURE

많은 나라에서 맥주는 '상미기한'이 요구되지만, 생닭 등에 적용되는 유통기한과는 의미가 다르다. 맥주는 본질적으로 균에 의해 발생하는 부패에 강하기 때문에 기한이 지난 맥주를 마신다고 배탈이 나지는 않는다(하지만 지하실에 오래 묵혀놓은 닭을 먹는 것은 좋은 생각이 아니다). 맥주에 있어 '상미기한'이란, 그 기한이 넘어가면 맥주의 향과 풍미, 텍스처, 그리고 다른 것들이 약해지기 때문에 더 이상 그 최상의 상태를 즐길 수 없다고 브루어가 생각하는 날짜이다. 만약 맥주를 좋은 조건에서 보관한다면 어떤 맥주들은 '상미기한'이 지나도 숙성을 통해 시간 변화에 따른 다른 모습을 보여주기도 한다. 어떤 의미에서 이런 맥주들은 좋은 '이취'를 가질 수도 있다는 것이다. 몇몇 브루어리들은 병에 "Best after date", 즉 이 맥주를 마시기 위한 최소보관기한을 표기하고 있다. 조금 놀리는 것 같지 않은가?

Bitterness 쓴맛

STYLE

→ Alpha acid, 21쪽
→ Balance, 33쪽
→ Hops, bittering, 124쪽

정도의 차이는 있을지 몰라도 대부분 맥주의 캐릭터 중 핵심 요소인 쓴맛은 보통 홉과 관련이 있다. 물론 짙게 로스팅 된 몰트나 커피와 같은 첨가물에서도 쓴맛은 나올 수 있다. 쓴맛을 측정하는 어느 정도 객관적인 방법들이 있기는 하지만 실제 느껴지는 쓴맛의 정도는 몰트의 단맛이나 서빙 온도, 심지어는 탄산에도 영향을 받기 때문에 훨씬 더 복잡해진다. 예를 들어 대부분의 스타우트와 포터는 무지막지하게 홉이 들어간 IPA보다 객관적으로는 쓴맛의 정도가 더 높지만 스타우트와 포터가 갖는 단맛과 바디감이 그 쓴맛을 제대로 느끼지 못하게 만든다.

Blending 블렌딩

BREWING

→ Barrel-ageing, 37쪽
→ Foeder, 100쪽
→ Sour, 211쪽
→ Spontaneous fermentation, 215쪽

완성된 맥주들은 목표한 풍미를 얻기 위해 종종 섞기도 한다. '블렌딩', 즉 '혼합'이라는 단어는 대부분 배럴숙성 또는 자연발효 맥주와 연관되어 있다. 블렌딩한 맥주는 막 양조된 맥주와 오래 숙성된 맥주를 단순 혼합한 것일 수도 있고 배럴이나 푸더(매우 큰 상업용 배럴)에서 시간을 보낼 수도 있으며 심지어는 과일이 첨가되기도 한다. 마스터 블렌더(블렌딩을 책임지는 사람 – 역주)는 이 모든 것을 파악하고 있어야 하며 미묘한 뉘앙스와 균형감 모두를 살린 맛있는 맥주를 창조하기 위해 아주 정확한 타이밍에 각 재료와 조치를 선택해야 하고 전체적으로 잘 연결해야 한다.

Bock 복

STYLE

아인벡이라는 독일 지방에서 시작되었다고 전해지는 복은 알코올 도수가 높은 라거 맥주이다. 밝은 색의 마이복maibock 또는 헬러복heller bock부터 진한 붉은 빛이 도는 갈색의 둔켈복dunkel bock까지 색깔에 따라 여러 스타일로 다시 나뉜다. 모든 변주들은 홉의 풍미에 의해 상쇄되지 않는, 풍부하고 단맛이 도는 몰트 캐릭터와 꽉 찬 풀바디 느낌을 가지고 있다. 둔켈복은 구운 토스트와 비스킷, 그리고 캐러멜과 초콜릿과 같은 느낌의 몰티함이 있는 반면, 더 밝은 색의 마이복은 똑같이 풍부한 풍미는 가지고 있으나 토스트나 캐러멜 몰트에서 오는 풍미는 더 적다.

아주 강한 복의 종류가 두 개 있는데, 하나는 도펠복doppelbock, 또는 double bock이고 다른 하나는 아이스복eisbock, 또는 ice bock이다. 도펠복은 단순히 더 높은 초기비중으로 만들어져서 더 강한 몰트 캐릭터를 가지고 있는 반면, 아이스복은 수분을 제거하고 알코올을 농축시키기 위해 발효 후 살짝 얼리는 과정을 거친다. 아이스복의 알코올 도수는 14%까지 올라갈 수 있다(아이스복은 알코올과 물의 어는 점이 다른 것을 이용해 알코올만을 따로 모은 맥주다 – 역주).

Body 바디감

TASTING

→ Attenuation, 31쪽
→ Fermentation, 89쪽
→ Mouthfeel, 158쪽

맥주의 무게감 또는 묵직함. 곡물의 단백질, 단맛, 효모의 발효도(드라이함), 탄산감 같은 요소들이 바디감에 영향을 끼친다.

Boil 끓임

BREWING

→ Boil kettle, 52쪽
→ Dry-hopping, 82쪽
→ Hop bursting, 121쪽
→ Hops, 123쪽
→ Hot break, 128쪽
→ Mash, 153쪽
→ Off flavors, 165쪽
→ Sparge, 212쪽
→ Wort, 244쪽

당화mashing와 스파징sparging을 통해 곡물로부터 유용한 모든 것을 추출해낸 결과물인 맥즙은 다음 단계에서 끓여진다. 끓임은 양조과정에서 핵심적이고 놀라울 정도로 복잡한 부분으로 중요한 화학적 변화들을 일으킨다. 우선 매쉬에 있는 효소의 활동을 멈추게 하고 맥즙에 있는 원치 않는 세균들을 모두 살균시킨다. 또한 끓이지 않았을 경우 이취를 만들 수 있는 휘발성 물질들을 날려버리고 홉의 알파산을 이성화시키며 맥즙의 부피를 줄여 농도를 높게 만든다. 마지막으로 끓임과정에서 큰 단백질 분자들은 서로 뭉쳐져 가라앉게 되는데 이후 이를 제거하여 맥주의 혼탁을 막는다('핫 브레이크'로 알려진 과정). 이러한 끓임과정이 진행되는 동안 홉은 여러 단계로 나뉘어 투입된다. 맥즙이 끓기 시작할 때 홉을 넣는 것은 이성화를 가장 많이 시키기 위해서다. 이때 대부분의 아로마 에센셜 오일(홉향을 만드는 오일 – 역주)은 증발된다. 브루어들은 쓴맛과 향의 조화를 만들기 위해 끓임과정 말미에 '추가적인 홉'을 투입할지 선택해야 한다. 순수한 홉향을 원한다면 끓임과정 이후 홉을 넣어야 한다. 이 과정에서는 말 그대로 끓이는 것이 중요하다. 맥즙을 60~90분 동안 100℃로 팔팔 끓인다. 이 시간동안 맥즙의 부피는 줄어드는데, 감소량은 끓임조의 모양이나 배치구조에 따라 달라진다. 숙련된 브루어는 장비를 파악하여 끓는 시간과 부피를 정확히 계산한다.

→ Boil, 51쪽
→ Brewhouse, 59쪽
→ Hot break, 128쪽
→ Mash, 153쪽
→ Whirlpool, 240쪽
→ Wort, 244쪽

Boil kettle 끓임조

EQUIPMENT

끓임조 또는 구리조copper로 알려져 있는 이 장비는 당화가 끝난 후 맥즙을 옮기는 곳이다. 끓임조는 맥즙을 최대한 빨리 끓일 수 있는 강력한 가열장치를 가지고 있어야 하며 한 시간 이상 그 상태를 유지할 수 있어야 한다. 이전에는 끓임조를 직접 불로 가열했기 때문에 온도를 적절히 조절할 수 없어 많은 단점이 있었다. 예를 들면, 불 조절을 실패하여 맥즙의 당을 태우는 일이 빈번했다. 요즘의 끓임조는 전기 히팅기(홈브루잉에 많이 사용)나 저압 가스 스팀 히터와 같은 간접 열원을 사용한다. 각각의 방법은 장단점이 있으며 브루어리의 규모 혹은 다양한 맥주 스타일을 만들기 위한 필요에 따라 결정된다. 끓임조는

맥즙을 냉각시키기 전, 핫 브레이크를 분리시키기 위해 월풀과 연동되어야 한다. 이는 브루어리 규모에 따라 다르며 대형 브루어리 경우에 끓임조와 월풀은 분리되어 있다.

Boilermaker 보일러메이커

DRINKING

→ Cocktails, 70쪽
→ Scottish Ales, 198쪽

미국 펍에서 에일 한 잔(1파인트, 미국의 1파인트는 473ml – 역주)과 버번 한 잔을 함께 서빙하는 전통. 일반적으로 버번을 마시고 맥주를 이어서 마시는데, 몇 잔 마시다보면 당연히 취하게 된다. 어떤 사람들은 버번을 맥주에 타먹는 '폭탄주'를 선호하는데, 논란이 될 수도 있으나 당연히 이는 둘 다 쓰레기로 만드는 방법이다. 다른 많은 문화에서도 이와 똑같은 전통들이 존재한다. 스코틀랜드에서는 '하프 앤 하프'가 위스키를 마시는 가장 인기 있는 방법이다. 위스키 1드램(1dram은 약 27g – 역주)과 스코티시 에일 반 잔(1/2파인트, 영국에서 1파인트는 570ml – 역주)과 마신다. 네덜란드에서는 제네버Jenever라고 불리는 진gin을 맥주와 함께 제공하는데, 이를 콥스토이체Kopstootje라 부른다(콥스토이체는 직역하면 '박치기'라는 뜻이다). 독일에서는 (문자 그대로, 하지만 조금은 불길한 의미로) '신사의 메뉴'인 헤렌게데크Herrengedeck를 코른Korn이라는 일종의 곡물 브랜디를 맥주와 함께 서빙한다.

Bottles 맥주병

EQUIPMENT

→ Glassware, 103쪽
→ Light strike, 146쪽
→ Oxidation, 168쪽

유리병은 거의 맹목적으로 숭배하다시피 우리의 맥주문화에 깊이 배어있다. 역사적 사실들이 맞다면, 전 세계 몇몇 지역에서는 적어도 400여 년 동안 유리병으로 맥주를 마셔왔다. 초창기의 병은 깨지기 쉬웠고, 모양이 일정치 않았으며, 탄산을 주입할 때 압력에 의해 터지기도 했다. 아이러니하게도 맥주병은 에일 순수주의자들에게 어지간히 냉소의 대상이었는데, 그들은 유리병이 맥주를 더럽게 만든다고 주장했다. 유리를 만드는 틀과 왕관 캡(왕관 모양의 병뚜껑) 그리고 돌려서 딸 수 있는 기술들이 발전하면서 맥주병은 더욱 편리해졌고 가성비가 좋은 대안이 되었다. 그러나 놀랍게도 20세기 초까지 맥주병은 틈새상품에 불과했고 1960년대 초에 들어서야 급격하게 성장하기 시작했다. 그때는 아직 케그와 캔이 맥주병의 시장 점유율을 잠식하기 전이었다. 오늘날 유리병은 지역과 스타일에 따라 다양한 모양과 크기로 만들어지고 있다. Industry Standard Bottle와 North American Longneck이 330ml와 500ml 맥주병 시장을 지배하는 가운데, 벨기에 브루어들은 330ml 스테이니(steinie, 바디가 뚱뚱한 병으로 오른쪽 삽화 맨 앞에 있음 – 역주) 또는 기품 있는 샴페인 스타일의 병을 자주 사용한다. 또한 많은 독일 맥주들은 NRW(Nord-Rhein Westfalen, 노드 라인 베스트팔렌) 스타일로 만든 병을 사용한다. 비록 유리병이 깨지기 쉽고, 운송하기 비효율적이며, 게다가 마시기 어렵고 내용물을 보관하는 데 특별히 좋지도 않다는 것을 알지만, 모양이 예쁘고 우리가 전통을 지키고 있다는 느낌을 갖게 하니 아마 맥주병은 한동안 계속 우리 곁에 있을 것이다.

Brettanomyces 브레타노마이세스 SCIENCE

Gueuze, 111쪽
Lambic, 145쪽
Off flavors, 165쪽

문자 그대로 번역하면 '영국 효모'British yeast인 브레타노마이세스는 사실 벨기에의 양조기술과 람빅, 괴즈, 몇몇 세종과 같은 맥주 스타일과 깊이 연관되어 있다. 브렛brett으로도 불리는 브레타노마이세스는 대부분 맥주 스타일에서 이취로 인지되는 향을 만들어 처음에는 기피의 대상이지만 점점 그 매력에 빠져들게 된다. 브렛의 특징적인 향과 풍미는 펑키(funky, 발효로 인한 쿰쿰한 향 – 역주), 볏짚, 젖은 말안장으로 다양하게 묘사된다. 일반적으로 브렛은 전통적인 사카로마이세스Saccharomyces 효모들과 함께 사용되지만, 어떤 브루어들은 브렛만 사용하여 발효하기도 한다. 람빅이나 플랜더스 레드 에일과 같은 사우어비어 스타일에서 찾을 수 있으나 그 자체가 신맛의 풍미를 내

는 것은 아니다. 브렛이 신맛의 풍미를 낸다는 오해가 꽤 있는데, 사실 브렛은 신맛을 내는 박테리아인 락토바실러스나 페디오코커스와 함께 사용되어서 맥주의 깊이와 복합성을 더해주는 역할을 한다.

→ Artwork, 28쪽
→ Beer mats, 42쪽
→ Bottles, 55쪽
→ Cans, 65쪽

Breweriana 브루어리아나

BEER CULTURE

맥주는 항상 다양한 맥주 관련 아이템들과 함께 했다. 크래프트 맥주 업계에서는 그것을 '상품' merch이라고 한다. 무엇보다 맥주 자체가 새롭고 신나는 녀석들이다. 그렇지 않은가? 맥주와 관련된 물건들은 아주 오랫동안 존재해 왔는데, 몇몇 예들은 빅토리아 시대까지 거슬러 올라간다. 비어 매트, 타월, 펌프 클립(영국 캐스크 에일은 보통 핸드펌프를 통해 서빙되는데, 이 펌프에 달린 문양을 의미 – 역주), 쟁반, 광고물, 병따개, 병뚜껑, 라벨, 도자기 장식품, 유리 거울 등등 매우 다양한 아이템들이 존재한다. 브루어리아나에 대한 기본 원칙은 다음과 같다. 우선 적당히 오래됐고 맥주나 브루어리와 연관될 수 있는 것이어야 한다. 그러면 누군가는 그것을 사고 싶어 할 것이다. 내 말이 의심스러운가? 그러면 바로 인터넷을 검색해보라. 예리한 수집가들은 특별한 모양이나 지역, 그리고 브루어리에 집중한다. 그리고 희귀하고 오랫동안 찾고 있었던 것들이라면 매우 비싸게 구입할 것이다.

→ Boil kettle, 52쪽
→ Mash tun, 155쪽
→ Sparge, 212쪽
→ Whirlpool, 240쪽

Brewhouse 브루하우스

EQUIPMENT

맥즙이 만들어지는 건물 자체뿐만 아니라 맥주 양조에 사용되는 다양한 장비들을 종합적으로 일컫는 말로, 보통 발효조는 포함되지 않는다. 브루하우스의 용량은 배럴(barrel 혹은 bbl)로 나타내며 대부분의 크래프트 브루어리들은 2개 조, 3개 조, 또는 4개 조로 구성된 브루하우스를 갖고 있다. 2개 조로 구성된 시스템 two-vessel brewhouse에서는 당화조와 여과조가 한 개조로, 끓임조와 월풀조가 다른 한 개조로 구성되어 있다. 3개 조 브루하우스three-vessel brewhouse는 2개 조 중 하나가 분리되어 3개의 조로 구성된다. 4개 조 브루하우스four-vessel brewhouse 시스템은 4개의 조가 각 양조단계를 책임지고 있다. 더 많은 조를 가지고 있다는 것은 양조작업이 더 유연하고 많은 용량이 양조되고 있음을 의미한다. 일부 규모가 큰 크래프트 브루어리들은 맥즙을 받는 조와 홉을 거르는 조를 포함하여 5개에서 6개의 조를 가지고 있다.

→ Taproom, 223쪽

Brewpub 브루펍

DRINKING

탭룸은 브루어리에 바bar가 붙어있는 형태라면, 브루펍은 바에 브루어리가 붙어있는 형태이다. 브루펍은 현대적인 상업 브루어리보다 수세기 앞선 역사를 가지고 있으나 지역 맥주의 선호도가 올라가면서 미국에서 다시 인기를 얻었다. 브루펍은 보통 발효조와 브루하우스를 유리로 구성된 공간에 배치하여 손님들이 더 많은 재미를 느낄 수 있도록 한다.

→ CAMRA, 65쪽
→ Cask, 69쪽
→ Pub, 181쪽
→ Real Ale, 188쪽

Britain 영국

ORIGIN

영국의 양조역사는 얼추 5천 년 전으로 거슬러 올라간다. 인류학자들은 영국의 양조전통은 바다 건너 외부의 영향을 받지 않고 자체적으로 생겨났다고 믿고 있다. 물론, 수천 년간 영국인들은 로마인들부터 플랜더스인(Flemish, 14세기에 홉을 영국에 소개시켜 준 것은 정말 감사한 일이다)까지 다양한 민족들과 함께 무역은 물론 전쟁을 통해 지식을 상호교류했다. 전통적인 영국 맥주 스타일은 부드럽고, 연하며, 상대적으로 낮은 알코올 도수를 가지고 있다. 또한 복합적인 몰트의 특성과 유럽 홉의 쓴맛이 좋은 균형을 이루고 있다. 리얼 에일은 영국 맥주라는 왕관의 보석과도 같다. 케그 숙성되어 기품 있는 탄산감과 복합적인 캐릭터를 보이는 이 에일은 영국에만 존재한다. 수입 라

거들의 인기에 사라질 뻔 한 적도 있었지만 캐스크 에일의 미묘하고 세련된 매력을 재발견한 젊고 참신한 크래프트 맥주 소비층에 의해 되살아났다. 또한 영국은 역사적으로 정치, 경제, 사회의 허브로서 진정한 국가기관의 역할을 해왔던 전통 펍에 기반을 둔 영국 고유의 음주문화를 가지고 있다. 펍은 영국만의 독특한 맥주 문화 중 하나로 수십 년간 사라질 위기에 있었다. 하지만 캐스크 에일과 마찬가지로 이번에도 어김없이 크래프트 문화가 수렁에서 구해주었다.

Brown Ale 브라운 에일

STYLE

→ Aroma, 28쪽
→ Pale Ale, 169쪽

누군가가 스타일을 정의하려고 한 그 이전부터 맥주는 영국에 존재해왔다. 브라운 에일은 세계적으로 인기 있는 스타일은 아니지만 제대로 양조되면 자신만의 품위 있고 섬세한 아름다움을 가질 수 있다. 잉글리시 비터나 잉글리시 에일과 같은 홉의 느낌은 부족하지만 복합적이고 견과류의 향이 나며 부드럽고 고소한 토스트, 그리고 달큰한 캐러멜 느낌의 몰트 특성은 정말 눈이 부시다. 브라운 에일은 최근 전통적인 캐스크 숙성 맥주에 관심을 갖는 영국 크래프트 브루어들뿐만 아니라 '구세계'의 양조감성을 존중하는 미국 브루어들에 의해 재발견되고 있다.

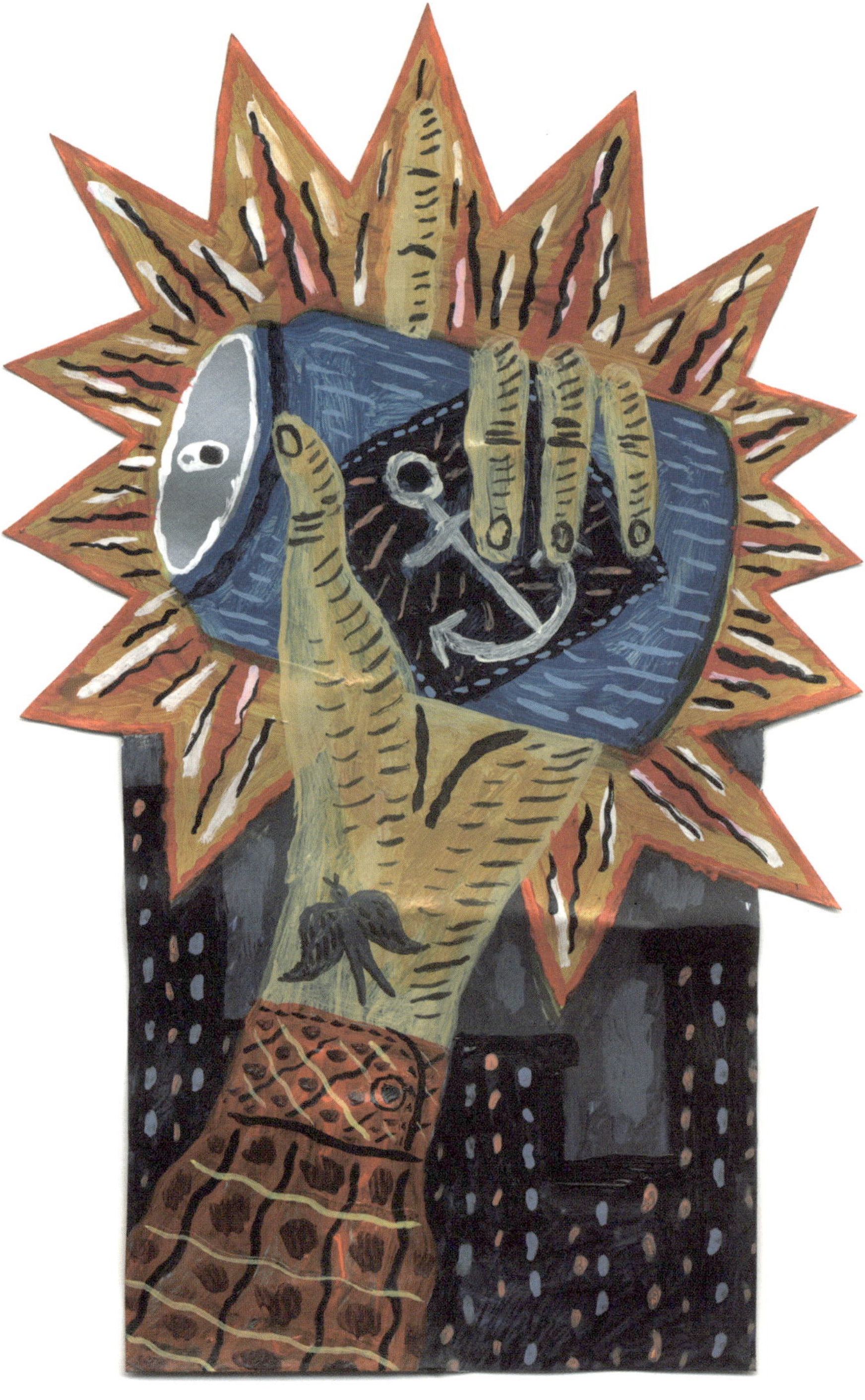

C

→ Cask, 69쪽
→ Keg, 137쪽
→ Real Ale, 188쪽

CAMRA 캄라

BEER CULTURE

The Campaign for Real Ale의 약자로, 캄라는 1971년 영국시장을 점령하던 대형맥주회사, 더 정확하게 말하면 대형맥주회사의 라거로부터 영국 리얼 에일의 전통을 지키기 위해 시작된 캠페인 및 조직을 의미한다. 캄라는 영국 전역에서 펼쳐지는 대규모의 맥주 축제부터 소규모의 지역 시음회까지 다양한 행사를 주관하고 있으며 새로운 에일을 찾기 위한 많은 토론도 진행하고 있다. 또한 캄라는 영국 펍과 양조정책을 위한 조직적이고 열정적인 대변자로서 지방 및 중앙정부에서 활동하고 있다. 지난 45년 동안 많은 맥주 친화적인 법들이 제정된 뒷배경에는 캄라의 이러한 활동들이 있었다. 영국에서 크래프트 맥주가 성장함에 따라 이 조직은 맥주를 사랑하는 새로운 세대와 시대에 맞게 변화를 모색하고 있다.

→ Bottles, 55쪽
→ Breweriana, 59쪽

Cans 캔

EQUIPMENT

어느 나라에 살고 있고 누구와 이야기하고 있는지에 따라, 캔은 맥주를 운송하고 보관하는 데 이상적인 용기가 되기도 하지만 ‘크래프트’ 맥주를 망치게 하는 금속 악마가 되기도 했다. 불활성 플라스틱으로 안쪽이 코팅되어 있는 오늘날의 캔은 금속재질이 주는 오염(철맛 혹은 피맛과 같은 이취 – 역주)에서 벗어났다(이전의 캔은 항상 이런 비난을 받았다). 캔은 빛으로부터 맥주를 보호해주기 때문에 중요한 홉성분을 자외선으로부터 안전하게 보호한다. 뿐만 아니라 맥주를 금방 차갑게 해주며 병보다 공간 효율성이 훨씬 좋아 운송비용을 절약하게 해준다. 최초로 맥주가 캔을 통해 판매된 것은 1935년으로, 전통적인 병뚜껑이 달린 윗부분이 솟아오른 원뿔형 디자인을 가지고 있었다. 흥미로운 사실은, 미국을 제외하고 캔을 처음으로 적용한 첫 맥주회사가 웨일즈의 페린포엘Felinfoel 브루어리였는데, 이 당시의 페린포엘 에일을 담았던 캔이 현재 약 200만원이 넘는 가격에 경매장에서 거래된다는 것이다. 기본 디자인은 수십 년간 크게 변하지 않았다. 지금은 맥주가 더 잘 흘러나오게 캔따개가 있는 '360도' 캔이 더 보편화되고 있다.

Carbonation 탄산

SCIENCE

→ Bottles, 55쪽
→ CAMRA, 65쪽
→ Cans, 65쪽
→ Cask, 69쪽
→ Conditioning, 74쪽
→ Keg, 137쪽

발효의 자연 부산물인 이산화탄소는 액체인 물에 쉽게 녹으며 차가운 맥주에는 이런 탄산이 상당량 들어있다. 맥주의 온도가 올라가거나 캔이나 케그와 같은 가압용기에서 맥주가 흘러나오면, 녹아있는 탄산이 뭉쳐 거품을 만들면서 표면으로 상승해 헤드를 만든다. 순수주의자들은 맥주의 탄산이 캐스크나 병에서 자연적인 이차 숙성에 의한 방법으로 만들어져야 한다고 할 것이다. 그러나 우리가 좋아하는 크래프트 맥주를 비롯해 대부분의 맥주들은 강제로 탄산(강탄)이 주입된다. 즉, 적정한 탄산량이 될 때까지 펌프를 통해 강제로 탄산을 넣는다는 것이다. 이러한 강탄에 의한 방법은 탄산량을 조절하기가 더 용이하다. 또한 이렇게 생성된 탄산이 자연적으로 생성된 탄산과 다른 감각을 준다는 어떠한 과학적 증거도 없다. 맥주의 탄산량이 언제나 동일하지는 않다. 훌륭한 브루어들은 스타일에 맞게 탄산을 조정한다. 영국의 캐스크 에일은 상대적으로 높은 온도로 서빙되기 때문에 낮은 탄산이 적합하다. 라거 또는 필스너와 같은 스타일은 차갑게 서빙되기 때문에 청량한 마우스필을 위해 더 많은 탄산을 갖는다.

→ CAMRA, 65쪽
→ Conditioning, 74쪽
→ Firkin, 96쪽
→ Real Ale, 188쪽

Cask 캐스크

STYLE

캐스크 맥주는 필터링되지 않고 살균되지 않으며 캐스크 내에서 2차 발효를 거치는 맥주로, 추가적인 이산화탄소나 질소를 넣지 않는다. 섬세하며 부드럽고 자연스러운 탄산감에 일반적으로 케그 맥주보다 거품이 적은 캐스크 에일은 영국의 독특한 현상이며 영국 맥주를 사랑하는 사람들의 강한 자부심이다. 케그 맥주처럼 차갑게 보관하는 대신, 일반적으로 '셀러 온도'인 11~13℃로 서빙된다. '살아있는' 캐스크 에일의 본성을 유지하기 위해서는 더욱 세심한 관리가 필요하며, 캐스크를 보관하고 다루는 것은 일종의 예술의 경지로 여겨진다. 심사를 통해 캐스크 에일에 적합한 장비와 스킬을 보유한 펍은 그 품질을 인정하는 'Cask Marque' 배지가 수여된다.

Cicerone 시서론

BEER CULTURE

크래프트 맥주 전문가인 레이 다니엘즈Ray Daniels는 맥주에 와인 소믈리에와 같은 공인자격제도가 없는 사실에 불만을 느껴 2007년 시서론 서티피케이션 프로그램Cicerone Certification Program을 만들었다. 미국에서 시작된 이 프로그램은 전 세계로 확장되었고 지금은 바텐더, 컨설턴트, 학자, 심지어는 자신의 실력을 증명하고자 하는 일반인 맥주 애호가들에게 최고의 맥주전문가 프로그램으로 인식되고 있다. 프로그램 구성은 서티파이드 비어서버Certified Beer Server부터 마스터 시서론Master Cicerone까지 4등급으로 되어 있으며 등급에 따라 스타일, 올바른 서빙기술, 푸드페어링, 에세이, 그리고 심층적인 감각 테스트를 치른다.

→ Off flavors, 165쪽
→ Sanitization, 197쪽

Cleaning 청소

BREWING

양조는 90%가 청소라는 오래된 격언이 있다. 물론 이는 각 양조 단계의 위생을 철저히 관리해야 함을 강조하기 위해서 만든 과장된 이야기이긴 하다. 홈브루잉을 해봤던 사람이라면 미량의 박테리아나 야생 효모가 맥주에 침입했을 때 그 맥주가 완전히 망가질 수 있다는 것을 알 것이다. 홈브루잉 차원을 넘어 대규모 상업 브루어리에서의 오염 가능성을 생각해보자. 왜 창의적이고 재능 많은 최고의 브루어들조차 호스 안에 남아 있는 당을 우려하고, 양조할 때마다 손을 박박 씻는 일에 그렇게 많은 공을 들이는지 이해가 될 것이다.

→ Boilermaker, 55쪽
→ Radlers and Shandies, 187쪽

Cocktails 칵테일

DRINKING

맥주 칵테일은 이를 악마 그 자체라고 믿는 사람들과 이는 악마가 만든 순수한 결과물이기 때문에 즐겨야 한다는 사람들 사이에서 의견이 나뉜다. 맥주와 레모네이드를 섞은 섄디부터 위스키와 통카빈이 들어있는 다양한 창조물까지 최근에 맥주 칵테일이 재조명 받고 있다는 사실은 부정할 수 없다. 바텐더들이 과즙과 홉향 가득한 맥주들을 가지고 열대과일 풍미를 내는 새로운 칵테일을 만들어내는 모습을 보고 있으면 말이다.

→ Boil, 51쪽
→ Cooling, 74쪽
→ Flocculation, 99쪽
→ Off flavors, 165쪽
→ Wort, 244쪽

Cold break 콜드 브레이크

BREWING

끓임단계 이후에 맥즙은 효모 투입을 위한 온도로 급격하게 냉각되어야 한다. 급작스럽게 온도가 떨어지면 다양한 단백질과 탄수화물, 오일이 서로 들러붙어 맥즙 밑으로 가라앉는다. 이렇게 서로 엉겨 붙은 결과물을 콜드 브레이크라고 하며 이는 안전하게 제거되어야 한다. 이는 양조과정에서 중요한 단계로, 콜드 브레이크가 맥즙에 남아있으면 칠헤이즈(chill haze, 완성된 맥주가 저온에서 혼탁하게 되는 현상 – 역주)가 발생하기 때문이다. 또한 만약 맥즙 냉각속도가 느리면 맥즙이 원치 않는 균에 의해 오염될 가능성이 높아진다.

→ Maillard browning, 149쪽
→ Malting, 150쪽

Color 색

TASTING

맥주가 우리의 입술에 닿기 전에 눈으로 먼저 맛을 본다는 이야기는 사실이다. 색은 우리에게 기대감을 만들어주는 요소로서 굉장히 중요한 부분이며 브루어들은 이를 매우 신중하게 디자인한다. 맥주는 많은 명암과 색조를 가지고 있으며 보편적으로 매우 밝은 볏짚색부터 완전한 암흑까지, 밝은 색부터 어두운 색의 단일 스케일로 측정되는 방식이 보편적으로 수용된다. 대부분의 맥주는 적황색으로 파란빛에서 가장 불투명하다. 따라서 분광광도계spectrophotometer라는 특별한 장비에서 흡광도optical density를 측정하기 위해 이 파란빛을 사용한다. 미국과 유럽은 정확히 같은 방법으로 같은 색을 측정하지만 스케일은 다르게 쓴다. 미국에서는 SRM Standard Reference Method이 ASBC American Society of Brewing Chemists에 의해 제정되어 가장 밝은 색을 2로, 가장 어두운 색을 40+로 표시한다. 유럽에서는 EBC European Brewery Convention를 사용하는데, 가장 어두운 색을 80으로 표시한다. 주의사항이 물론 붙기는 하지만, 편의를 위해 SRM을 대략 두 배로 환산하여 EBC를 계산한다.

→ Color, 73쪽
→ Home-brew, 117쪽
→ Style, 220쪽

Competitions 맥주대회

BEER CULTURE

당신이 홈브루어든 노련한 프로 브루어든 맥주대회는 공정한 심사위원에게 양조기술과 창조성을 평가받기 위한 좋은 기회이다. 맥주대회는 스타일에 엄격한 경향이 있어서 브루어의 의도를 아무리 잘 충족시킨 맥주라도 스타일에 맞지 않으면 좋은 점수를 받을 수 없다. 맥주 스타일에 따른 향, 풍미, 텍스처, SRM이나 EBC로 표기된 색깔뿐만 아니라 대략적인 알코올 도수는 BJCP Beer Judge Certification Program과 AHA American Homebrew Association과 같은 단체의 표준화된 심사 가이드라인을 통해 정해진다. 일반적인 스타일 중 몇몇은 이 책 어디에선가 설명하고 있다. 대회는 매우 공정하며 나이, 성별, 배경은 전혀 상관없다. 사실 많은 유명 브루어들은 아직 여드름이 남아있던 십대시절 창고에서 만든 맥주로 대상을 타며 기존의 베테랑 브루어들을 당황하게 만들면서 경력을 시작했다. 또한 맥주 대회는 훌륭한 만남의 장으로서 다른 브루어를 만나고 의견과 팁을 주고받을 수 있는 기회를 만들 수 있다.

Conditioning 컨디셔닝

BREWING

→ Carbonation, 66쪽
→ Cask, 69쪽
→ Fermentation, 89쪽
→ Secondary fermentation, 202쪽

발효를 마치고 남아있는 효모들이 마지막으로 활약할 기회로, 발효 말미에 진행되는 중요한 단계. 더 많은 이산화탄소를 생성하기 위한 약간의 당이 추가된다(때로는 'condition'이라고도 한다). 이렇게 만들어진 이산화탄소는 1차 발효 때와 달리, 날아가지 않고 맥주에 용해된다. 컨디셔닝은 병이나 캐스크 안에서 일어날 수도 있고 어떤 브루어리는 캔에 시도하는 경우도 있다.

Cooling 냉각

BREWING

→ Boil, 51쪽
→ Cold break, 70쪽
→ Coolship, 75쪽
→ DMS, 78쪽
→ Off flavors, 165쪽
→ Wort, 244쪽

양조 과정에서 끓임단계를 마치면 진행 중인 화학반응을 정지시키고 미생물 오염을 방지하기 위해 맥즙을 재빨리 냉각시켜야 한다. 냉각에는 다양한 방법이 있는데 보통 브루어리의 규모에 따라 결정된다. 홈브루잉에서는 뜨거운 맥즙을 차가운 물속에 잠겨있는 길고 얇은 튜브를 통해 흐르게 하거나, 차가운 물이 지속적으로 흐르는 약간 넓은 튜브 안에 맥즙이 흐르는 튜브를 끼워 넣는 방식과 같은 단순한 열교환 방식을 사용한다. 주위의 물은 따뜻해지지만 맥주는 차가워지는 원리이다. 매우 작은 홈브루잉 규모에서는 맥즙 안에 차가운 물이 흐르는 칠러를 담그는 방식을 사용하기도 한다. 대부분의 크래프트 브루어리들은 규모에 상관없이 글라이콜 냉각 시스템glycol cooling system을 사용하는데, 이는 집에 있는 냉장고와 넓은 의미에서 같은 방식(물론 규모는 더 크지만)이다. 몇몇 브루어리들은 냉각되는 맥즙에서 열을 가져와 다음 양조를 위한 매쉬를

데우는 데 사용하기도 한다.

→ Cooling, 74쪽
→ Lambic, 145쪽
→ Spontaneous fermentation, 215쪽
→ Wort, 244쪽

Coolship 쿨십

EQUIPMENT

쿨십(koelship, 원래는 영어가 아닌 플랜더스 언어)은 넓고 평평하며 얕은 오픈 발효조를 의미하며 전통적으로 뜨거운 맥즙을 급격히 냉각하기 위해 사용된다. 쿨십은 외부에 노출되기 때문에 공기 중에 있는 야생효모와 기타 미생물들이 맥즙에 영향을 미쳐 독특한 캐릭터를 갖는 자연발효 맥주를 만들 수 있다. 쿨십은 벨기에 람빅과 그 선구자인 브뤼셀의 칸티용Cantillon of Brussels과 매우 관련이 깊지만 미국과도 오랜 역사를 공유한다. 샌프란시스코의 '스팀'steam비어는 이름 자체가 옥상 위에서 수증기를 내뿜는 쿨십에서 유래하는데, 앵커 브루잉 컴퍼니Anchor Brewing Company와 마인스 알라가시Maine's Allagash는 여전히 이 방식을 사용하고 있다.

→ Adjunct, 18쪽
→ American Lager, 24쪽
→ Off flavors, 165쪽

Corn 옥수수

INGREDIENT

옥수수는 맥주에 발효성 당을 제공하는 싸고 풍부한 재료로서 1970년대부터 시장을 지배해온, 향미가 약한 대중용 라거에 사용되어 왔다. 그러나 이런 옥수수도 부가물로서 잘 사용한다면 항상 나쁜 것은 아니다. 옥수수는 라거와 에일에 부드럽고 가벼운 단맛을 포함하여 괜찮은 다른 특징을 부여할 수 있다. 옥수수를 사용하기 위해서는 매쉬에 넣기 전 끓여서 젤라틴화 시켜야 하는데, 이는 내부의 긴 전분사슬을 끊어야하기 때문이다. 옥수수는 양조에 다양한 형태로 사용된다. 옥수수 몰트, 옥수수 가루, 빻은 옥수수, 옥수수 플레이크, 심지어 옥수수 슈거인 덱스트린 등이 그 예다. 매쉬에는 적은 비율로 사용되어야 하며 많은 양이 첨가되면 최종 맥주에서 시더cider나 솔벤트slovent 같은 이취를 유발할 수 있다.

→ Draft systems, 81쪽
→ Home-brew, 117쪽
→ Keg, 137쪽

Cornelius keg 코넬리우스 케그

EQUIPMENT

원래 콜라와 같은 청량음료의 배송에 사용되었던 코넬리우스 즉 '코니'Corney 케그는 상대적으로 저렴하고, 직접 양조한 맥주를 집에서 드래프트 형태로 편리하게 경험할 수 있어서 홈브루어들이 많이 사용한다. 입구가 1개 있고 특별한 충전 시스템이 필요한 표준 케그와 달리, 코넬리우스 케그에는 3개의 입구가 있다. 하나는 충전을 위해, 다른 하나는 가스를 넣기 위해, 마지막 하나는 액체를 빼내기 위한 기능을 한다. 디자인이 굉장히 단순해서 드래프트 시스템에 대한 기초적인 이해만 있으면 문제가 잘 생기지도 않는다.

D

→ American IPA, 24쪽
→ Hops, 123쪽

Dank 댕크

FAULT

맥주에서 굉장히 자극적이고 수지resinous와 같은 홉 느낌이 나는 것을 '댕크'하다고 한다. 미국 캘리포니아에서 유행했던 맥주 스타일에서 주로 볼 수 있는데, 그 어원이 냄새나고 기름기 있는 대마에서 나오는 향을 동일하게 묘사하는 마리화나 문화에 있다는 사실은 그리 놀랄 일도 아니다. 사실 이러한 비유는 과학적인 근거가 있다. 홉이 대마와 쐐기풀에 매우 가깝고 비슷한 화학적 특성을 공유하는 식물이기 때문이다. 그러나 이런 대중적인 신화와는 달리 홉은 마리화나에 존재하는 환각물질THC을 가지고 있지 않다. 미안!

→ Off flavors, 165쪽
→ Pediococcus, 170쪽

Diacetyl 다이아세틸

FAULT

버터와 같은 독특한 향으로 영화관 팝콘이나 버터스카치 캔디를 연상시킨다. 보통 효모가 스트레스를 받거나 건강하지 않다는 신호이며, 이럴 경우 효모는 다이아세틸의 주된 전구 화학물precursor을 생성한다. 또 더러운 생맥주 라인 안에 서식하는 박테리아 오염에 의해서도 발생한다. 잉글리시 에일에서는 매우 낮은 농도의 다이아세틸이 용인되나 다른 스타일에서는 이취로 간주된다.

→ CAMRA, 65쪽
→ Conditioning, 74쪽
→ Draft systems, 81쪽
→ Firkin, 96쪽
→ Real Ale, 188쪽

Dispensing cask 디스펜싱 캐스크

DRINKING

맥주를 가압하여 나오게 하는 드래프트 시스템과 달리, 캐스크 에일 펌프(또는 '더 많은 비어엔진'이라 당당히 불린다)는 서버가 긴 기계적인 핸들을 여러 번 당겨 공기를 넣으면 그 압력으로 인해 맥주가 빨려 올라오는 단순한 메커니즘을 가지고 있다. 캐스크 내부가 진공이 되는 것을 막기 위해 펍을 열 때 떼어내고 닫을 때 교체할 수 있는 꼭지가 용기 위에 달려 있다. 영국 북쪽 지역에 있는 어떤 펍들은 캐스크로부터 맥주를 끌어올리기 위해 전자식 펌프를 사용하기도 한다. 이는 지역에 따라 조금씩 다르며 어떤 지역맥주들은 펌핑으로 인해 야기되는 교반과 에어레이션(산소혼합)을 고려하여 만들어진다. 심지어 몇몇 펍들은 가압방식을 통해 캐스크 에일을 서빙하고 있는데 캄라CAMRA는 이를 부적절한 방법이라고 여겨 매우 비판적인 시각을 가지고 있다.

→ Off flavors, 165쪽

DMS 디엠에스

FAULT

옥수수 통조림이나 오래된 채소와 같은 냄새로 보통 이취로 여겨진다. 디메틸 설파이드dimethyl sulfide; DMS는 곡물의 전구체부터 생성되며 끓임단계에서 형성된 후 보통 말미에는 완전히 증발된다. 대부분의 맥주 스타일과 지역에서 명백한 결함(보통 브루하우스 문제로 인식)이나 몇몇 라이트 라거, 특히 옥수수가 많이 들어간 미국 대형맥주들에서는 팬들이 기대하는 캐릭터 중 일부로 여겨지기도 한다. 그렇다 하더라도 DMS가 너무 뚜렷하게 인지되면 원치 않는 오염이 발생된 것으로 판명한다.

Double IPA

STYLE

24쪽 American IPA 참조

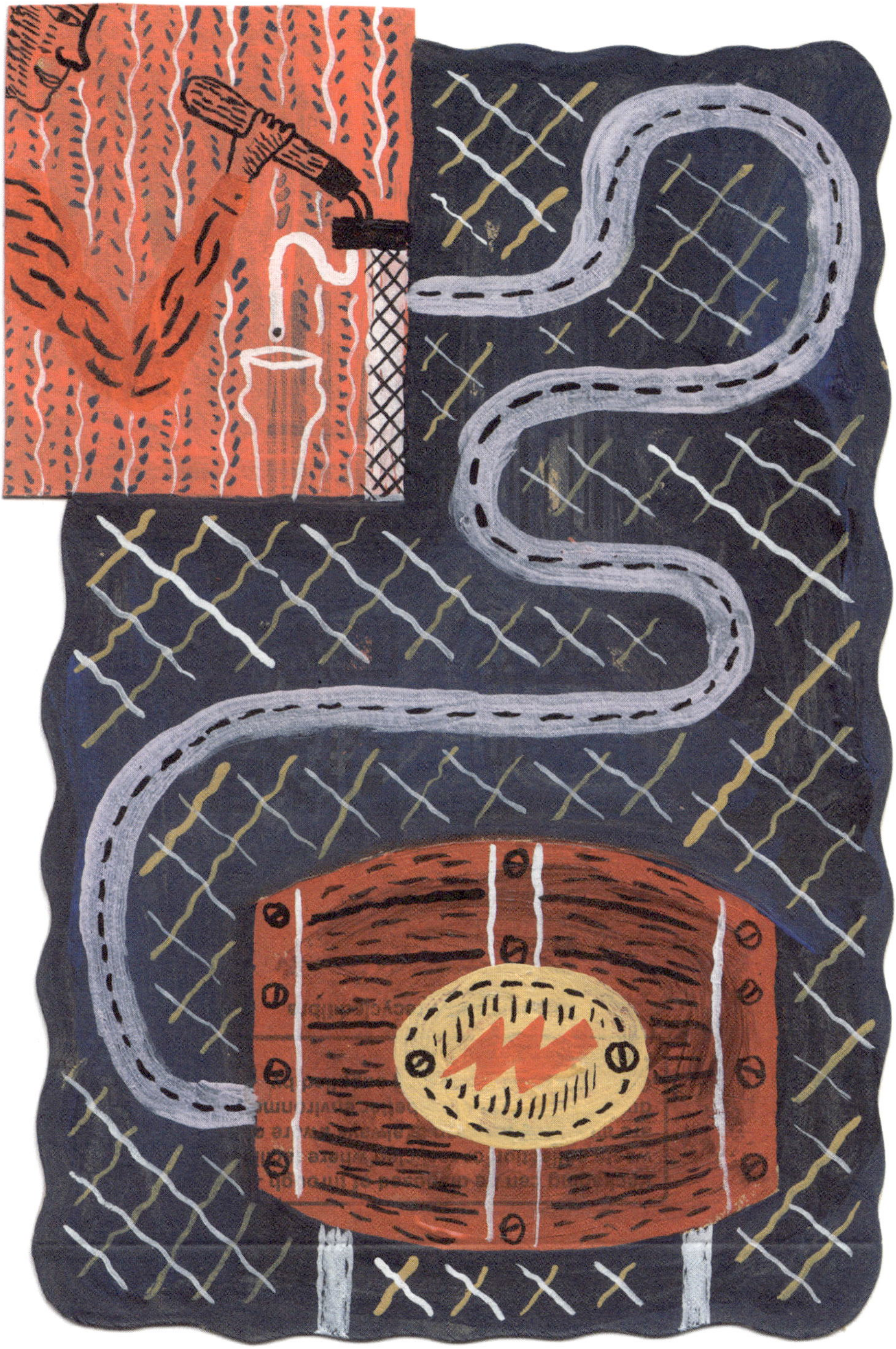

→ Carbonation, 66쪽
→ Keg, 137쪽

Draft systems 드래프트 시스템

BREWING

맥주를 가압 케그부터 맥주잔까지 적정한 온도와 밀도로 이송시키기 위한 가스, 액체, 파이프, 밸브, 탭의 복잡한 구성을 의미한다. 생물학과 화학이 지배하는 맥주분야에서 드래프트 시스템을 정확하게 세팅하고 유지 및 관리하는 것은 오히려 수학에 가까우며, 따라서 맥주 애호가라 할지라도 이 시스템을 제대로 이해하기는 어려울 것이다. 간단히 말해서 드래프트 시스템은 케그로부터 맥주를 빼내기 위해 액체와 가스 간 온도와 압력의 복잡한 관계를 이해하는 것이다. 또한 탭에서 포말이나 가스가 아닌 훌륭한 헤드를 만들기 위해 충분한 관의 길이도 면밀하게 고려해야 한다.

→ ABV, 17쪽
→ Alcohol, 20쪽
→ Beer fear, 41쪽
→ Beer jacket, 42쪽
→ Hangover, 113쪽

Drunkenness 주취

DRINKING

크래프트 맥주를 즐긴다는 것은 향과 맛 그리고 맥주 안에 녹아있는 브루어의 기술을 감상하는 것이다. 책임 있게 마시기만 하면 술은 우리의 기분을 좋게 하지만, 이 역시 취한다는 사실에는 변함이 없다. 도대체 취한다는 것은 무엇일까? 술을 마시면 간은 에탄올을 덜 해로운 물질, 예를 들어 근육과 뇌에 필요한 에너지원으로 대사하기 시작한다. 그러나 이런 과정은 시간이 걸리기 마련이며 간이 해독할 수 있는 범위를 초과하면 에탄올은 혈류 속에 남아 몸에 생리학적 문제를 일으키게 된다. 알코올은 근육을 이완시키고 모세혈관을 확장시키며 다음과 같은 방법으로 뇌에 영향을 미친다. 우선 알코올은 신경전달물질인 감마아미노부티릭애시드GABA에 영향을 미쳐, 발음을 꼬이게 하고 조정능력을 저하시키며 수면부족 현상을 일으킨다. 또한 일상의 근심과 걱정이 사라지고 우리를 억누르고 있는 모든 것들을 창문으로 던져버리게 한다. 알코올은 조정능력과 언어능력에 필요한 우리 뇌에 있는 신경흥분제인 글루탐산을 억제하기도 한다. 만약 전날 저녁의 어떤 부분을 기억하지 못한다면 글루탐산이 억제되어 그런 것이다. 여기에 판단력 상실과 과도한 흥분이 같이 엮인다면 당신은 재미와 후회 모두를 위한 레시피를 갖고 있는 것이다. 알코올이 당신의 뇌를 망치는 마지막 방법은 불행히도 중독이다. 우리의 뇌는 신경학적으로 '보상센터'라는 부분을 자극하면 반응하게 되는데, 마치 마약처럼 알코올은 그 초인종을 계속 눌러 우리로 하여금 알코올 음주를 되풀이하도록 만든다. 물이나 음식과 같은 합법적인 흥분제보다 더 중독성이 강한 존재이다.

Dry-hopping 드라이 호핑

BREWING

→ Essential oils, 85쪽
→ Fermentation, 89쪽
→ Hop bursting, 121쪽
→ Hop torpedo, 122쪽
→ Hops, aroma, 124쪽
→ Secondary fermentation, 202쪽

맥즙이 냉각된 후 홉을 추가적으로 넣는 과정으로, 1차 발효조에 넣는 것부터 2차 발효 또는 케그나 캐스크에 넣는 것까지 포함한다. 드라이 호핑은 홉의 알파산이 이성화되지 않도록 하여 쓴맛을 제어하고 휘발성인 홉오일을 보존해야 한다. 이러한 이유 때문에 드라이 호핑은 맥즙의 끓임단계에 투입되는 비터링 홉bittering hop과 결부되어 사용한다. 드라이 호핑이라는 과정이 최근에 생긴 기술은 아니다. 백여 년 전, 영국 브루어들은 맥주를 배송하기 전 캐스크에 약간의 홉을 넣곤 했다. 홉의 항균성을 이용해 맥주를 보존하기 위해서였는데, 항균성뿐만 아니라 첨가된 홉으로 인해 맥주가 더욱 좋은 향을 갖게 되었다. 원칙적으로 드라이 호핑은 맥즙이 냉각된 후 어떤 단계에서 진행되어도 상관없지만, 일반적으로 2차 발효 시에 넣는 것이 제일 효과가 좋다. 드라이 호핑 기간은 스타일에 따라 다르나, 보통 며칠이면 충분하다. 만약 케그나 캔에 직접 드라이 호핑을 한다면 맥주를 소비할 때까지 진행되므로 기간이 수주에 이르게 될 것이다. 이와 같이 너무 오랫동안 드라이 호핑이 진행된다면 오일리하거나 풀 향이 진하게 날 수 있다. 물론 이런 향도 개인에 따라 호불호가 나뉘기에 좋다 나쁘다 판단하기는 힘들지만…….

9

→ Trappist, 227쪽
→ Tripel, 228쪽

Dubbel 두벨

STYLE

수백 년 동안 수도사들이 만들어온, 어둡고 복합적인 몰트 풍미가 나며 다소 높은 알코올 도수를 갖는 벨기에 애비에일(abbey ale, 애비는 수도원을 의미 – 역주). 초콜릿과 진한 건과일의 느낌을 주는 몰트를 사용하는 것이 이 스타일의 핵심이다. 홉은 두드러지지 않지만 두벨의 매우 드라이한 바디감과 향신료와 같이 자극적인 과일 풍미를 내는 효모 캐릭터를 보조하고 있다. 두벨은 보통 트라피스트 브루어리와 연관이 깊지만, 미국 알라가시Allagash와 같이 벨기에 맥주에 빠져있는 해외의 여러 크래프트 브루어리들도 그들만의 환상적인 두벨을 만들어내고 있다.

Dunkel 둔켈

STYLE

기록에 따르면 둔켈은 16세기 독일 남부에서 처음 나타난 최초의 라거라고 한다. 초기에는 뮌닉 몰트만을 사용하여 루비와 같은 붉은색을 냈지만, 오늘날에는 필스너 몰트를 기본으로 블랙 몰트를 사용하여 어두운 색을 만든다. 둔켈은 홉향이 거의 느껴지지 않는 몰트 중심의 맥주다. 진하고 달큰하며 구운 비스킷과 같은 향이 코에서 느껴지며 섬세하게 구운 토피의 풍미가 입안에서 느껴진다.

→ Fermentation, 89쪽
→ Malting, 150쪽
→ Mash, 153쪽

Enzymes 효소

SCIENCE

복잡한 생물학적 촉매제로, 화학반응을 촉발한다. 기본적으로 미세 발전소와 같다. 몰트 껍질에 존재하는 효소는 당화과정에서 활동하는데, 약 64℃에서 전분과 사슬이 긴 탄수화물을 달콤한 발효성 당으로 전환하기 위해 열심히 일을 시작한다. 매쉬에는 다양한 효소들이 있는데, 모두 각자 중요한 역할을 맡고 있다. 알파 아밀라아제와 베타 아밀라아제는 가장 주목받는 존재로 전분을 발효 가능한 맥아당으로 만드는 책임을 가지고 있다. 그 밖의 다른 주인공들도 있다. 단백질 분해효소는 맥주의 혼탁을 야기하는 긴 사슬의 단백질을 작은 단위로 잘라내어 맥주의 혼탁을 막아주고, 멋진 헤드를 만들어주며, 바디감을 살리고, 효모에 영양분을 공급해주는 역할을 한다.

→ Boil, 51쪽
→ Dry-hopping, 82쪽
→ Hop bursting, 121쪽
→ Hop torpedo, 122쪽
→ Hops, 123쪽
→ Hops, aroma, 124쪽
→ Whirlpool, 240쪽

Essential oils 에센셜 오일

INGREDIENT

홉은 품종에 따라 250종의 에센셜 오일을 가지고 있으며 그 중 약 25개는 맥주에 향과 풍미를 부여해주는 것으로 알려져 있다. 그 가운데 주요한 것으로는 미르센myrcene과 휴물렌humulene, 카요렌caryolene이 있다. 에센셜 오일은 휘발성이 매우 강한데, 이는 공기 중으로 쉽게 날아갈 수 있다는 것을 의미한다. 당신이 맥주잔을 코로 가져가 맡는 멋진 홉향들은 맥주 표면에서 휘발되는 오일들을 느끼는 것이다. 에센셜 오일은 더 강한 열에 노출될수록 더 많이 그리고 빨리 사라지기 때문에 아로마 홉은 일반적으로 끓임단계 말미나 월풀, 또는 냉각된 맥즙에 넣는다.

Esters 에스테르

SCIENCE

효모가 발효하는 동안 만들어내는 조성물들로, 맥즙 안의 유기산과 발효 시 발생하는 알코올 간의 반응물을 의미한다. 에스테르는 맥주에서 양날의 검과 같다. 낮은 농도에서의 에스테르는 배, 바나나, 사과, 살구 등 맛있는 과일 풍미를 주지만 높은 농도에서는 아세톤과 같은 기분 나쁜 솔벤트 향을 낸다. 에스테르는 높은 알코올 도수의 맥주에서 가장 많이 나며 보통 너무 높은 온도에서 발효가 진행되거나 맥즙 내 산소부족으로 인해 효모가 스트레스를 받을 때 발생한다. 몇몇 효모들은 특별한 에스테르를 위해 길러졌는데, 이는 많은 벨기에 맥주들의 핵심적인 역할을 한다.

→ Fermentation, 89쪽
→ Fermentation temperature, 90쪽
→ Off flavors, 165쪽
→ Yeast, 247쪽

F

→ Macro-brewing, 149쪽
→ Selling out, 202쪽

Fake Craft 가짜 크래프트 맥주

BEER CULTURE

크래프트 맥주는 현재 전체 미국 맥주 시장의 12%를 차지하며 다른 나라도 미국에 아주 뒤처지지는 않는다. 규모가 작은 것처럼 보일 수도 있으나, 실은 엄청난 수익을 올리고 있으며 지속적으로 성장하고 있다. '대형 맥주회사'가 성장 잠재력이 높은 이 새로운 '고급' 맥주 시장에 들어오고 싶어 하는 것은 피할 수 없는 일이다. 그들의 '제품'들을 가지고 이 새로운 시장에 들어와 주목을 끌고 수익을 올리는 일이 일어나고 있다. 화려하고 상업적인 마케팅으로 무장되어 있는 대형 맥주회사의 맥주들이 '진짜' 크래프트 맥주들과 함께 순위에 오를 가치가 있는지에 대해서는 활발한 논쟁이 진행 중이다. 특히 대형 맥주회사가 사랑받는 크래프트 브랜드를 인수하여 시장에 진입하는 것에 대해서 더욱 그러하다.

→ Esters, 86쪽
→ Spontaneous fermentation, 215쪽
→ Trub, 230쪽
→ Wort, 244쪽
→ Yeast, 247쪽

Fermentation 발효

BREWING

양조용어로 발효는 맛있는 맥주를 만들기 위해 효모(때로는 박테리아)와 맥즙 사이에서 일어나는 복잡한 화학반응으로 매우 다양한 의미를 품고 있다. 단순히 말하면 발효는 당분자, 알코올, 이산화탄소, 이 3가지 조성물들과 연관된 반응이다. 효모는 당분자를 '섭취'하여 에탄올과 이산화탄소라는 2가지 배설물을 만드는 신비스러운 활동을 한다. 사실 술을 만드는 이러한 과정 속에는 11개가 넘는 화학적인 중간단계가 존재하며 거

의 20종의 효소와 비타민처럼 효소와 함께 활동하는 조효소co-enzymes가 이 과정에 관여한다. 인산염과 산소, 수소의 양이 바뀌면서 새로운 분자들이 생성되고 연결되는 현상이 최종 생성물을 만들기 위해 단계적으로 진행된다.

하지만 발효는 단지 당이 효모에 의해 대사되어 에탄올과 이산화탄소가 되는 것처럼 단순한 것만은 아니다. 효모는 에탄올뿐만 아니라 짧은 메탄올 분자와 더 긴 퓨젤 알코올들을 만들어낸다. 이런 알코올들의 조합은 또 다른 반응을 유발할 수 있다. 예를 들어 에탄올은 리독스(redox, 산화와 환원)라고 알려진 반응을 통해 신맛을 내는 카르복실 산이 된다. 알코올과 산의 중간 단계로서 향이 나는 알데하이드도 같은 반응을 통해 생성될 수 있다. 과일 에스테르들은 에스테르화 반응이라 불리는 과정에서 카르복실 산이 알코올과 결합되면 생성될 수 있다. 맥즙의 구성물은 발효성 당을 제공하는 것 이외에, 잠재적인 반응물에 영향을 미쳐 다양한 반응이 진행되는 데 중요한 역할을 한다. 예를 들어 귀리는 풍부한 자연 영양분이며 엽산, 마그네슘, 비타민, 그리고 항산화제와 같은 생물학적 활성 물질로서 역할을 한다.

→ Spontaneous fermentation, 215쪽
→ Trub, 230쪽
→ Wort, 244쪽
→ Yeast, 247쪽

Fermentation temperature 발효 온도

BREWING

온도만큼 발효에 크게 영향을 주는 환경적인 요소도 없다. 왜냐하면 온도가 효모의 활동성을 결정하기 때문이다. 온도가 조금만 잘못되어도 맥주를 망칠 수 있기 때문에 계획했던 온도와 조금만 달라도 즉시 확인해야 한다. 알코올과 이산화탄소 외에 효모는 발효과정에서 향과 풍미, 마우스필에 영향을 미치는 수백 가지의 물질을 만들어낸다. 모든 효모의 최적 발효 온도는 포장이나 인터넷에 설명되어 있으며 적정 발효 온도보다 더 높거나 낮을 때 발생되는 물질에 대한 경고문도 존재한다. 만약 에일 효모가 낮은 온도에서 발효하면 '스스로가 만들어낸 물질

을 치우기' 힘들어 할 것이다. 이는 다이아세틸(버터와 같은 풍미)과 아세트알데하이드(청사과와 같은 풍미)와 같은 이취를 최종 맥주에 남겨놓을 것이다. 원래보다 더 높은 온도에서 발효하게 되면 과일 에스테르 이상의 풍미를 만들며, 그보다 과도한 온도에서 발효하면 의도한 캐릭터와는 다를 수 있는 솔벤트와 같은 향을 남길 것이다. 라거를 만드는 브루어는 사카로마이세스 파스토리아누스Saccharomyces pastorianus를 5~10℃ 정도의 낮은 온도에서 사용할 것이다. 이 온도에서는 에일 효모가 움직이지 않는다. 바이에른 사람들은 수백 년 동안 라거를 만들어 차가운 알프스 동굴에 저장했다. 그 지역 야생효모들은 추위에 저항성을 가지고 있어 생존했다. 그러한 유산으로 인해 우리가 현재 라거 효모를 낮은 온도에서 사용할 수 있게 된 것이다.

Fermentation vessel 발효조 EQUIPMENT

→ Fermentation, 89쪽
→ Fermentation temperature, 90쪽
→ Foeder, 100쪽
→ Lager (definition 1), 142쪽
→ Wort, 244쪽

단순하게 'fermenter'라고도 불리며, 당신이 정말로 힙한 사람이라면 'FV'라고도 표기한다. 간단히 말해 효모가 사랑스러운 당을 갖고 신나게 노는 동안 맥즙을 보관하는 용기이다. 역사적으로 발효조는 다양한 모양을 가지고 있고 여러 가지 다른 재료로 만들어져 왔다. 아마 동물의 가죽으로 시작되었을 것이며 이후 도기, 나무 배럴, 최종적으로 스테인리스로 발전되었다. 많은 전통적인 발효조는 공기에 오픈되어 주위에 있는 다양한 야생효모와 박테리아에 노출되었다. 만약 푸더와 같은 것을 사용하되 맥주를 미생물에 노출시키는 것을 원하지 않는다면 발효조를 열심히 청소하는 것이 가장 중요하다. 이는 발효조를 공기 중의 미생물로부터 보호하여 맥주를 오염시키지 않을 것이다. 그래서 대부분의 현대적인 브루어리들은 원통원뿔형 발효조를 사용한다. 원통원뿔형 발효조란, 높은 원통형으로 원뿔이 밑으로 향해있고 바닥에 꼭지를 가진 스테인리스 발효조이다. 1927년에 레오폴드 네이선Leopold Nathan에 의해 특허로 등록되었는데 이전의 발효조보다 많은 장점을 가지고 있고

효모를 회수하는 데 특히 좋다.

→ Drunkenness, 81쪽
→ Oktoberfest, 166쪽

Festivals 맥주축제

BEER CULTURE

크래프트 맥주가 개선시킨 것들 중 하나를 예로 들자면 망설임 없이 맥주 축제를 이야기할 수 있다. 특히 영국에서는 자기가 따르는 맥주에 대해 잘 알지도 못하는 자원봉사자들이 여러 테이블에서 맥주를 서빙하는, 대체로 형편없는 행사들이 보편적이었다. 이런 축제들은 맥주 지식에 정통한 남자들을 제외한 사람들에게는 좋게 말하면 평범한 행사였고 나쁘게 말하면 약간 위협적인 행사였다. 오늘날의 맥주축제는 모두에게 가치 있으며 사회적인 소통을 중시하는 행사가 되었다. 브루어들을 볼 수 있고, 적어도 최소한 부스에 배치되어서 자신들의 맥주를 설명하고 활발하게 토론을 하는 스태프라도 볼 수 있다. 훌륭한 음식을 먹을 수 있고 종종 라이브 음악을 즐길 수 있으며 다양한 연령대와 배경 그리고 성별의 사람들이 모여 좋은 분위기에서 사랑하는 맥주를 마시는 모습을 볼 수 있다.

→ Drunkenness, 81쪽
→ Festivals, 92쪽
→ Hangover, 113쪽

Festivals-survival 축제를 위한 팁

BEER CULTURE

축제를 정말 재미있게 즐기기 위해서는 약간의 노력이 필요하다.

- 숙제를 해오자. 축제가 시작되기 전, 주최 측에서 브루어리 리스트를 공개한다. 때로는 맥주 리스트를 갖고 있기도 하다. '마셔야 할 맥주'를 미리 찾아보자.
- 형편 없는 맥주에 울지 마라. 우리는 모두 실수를 한다. 만약 선택한 맥주가 안 좋다면 위를 낭비할 필요가 없다. 맥주를 그냥 하수구에 버리고 다른 곳으로 옮기면 된다.
- 항상 물을 마셔라. (말도 안 되지만) 어떤 맥주 축제에서는 무료로 물을 주지 않는 곳도 있다. 물을 따로 챙겨가는 것도 좋은 방법이다.

- 귀를 열어 놓아라. 모든 축제에는 '핫한 추천' 맥주가 있다. 그 맥주들이 모두 소진된 후에야 이 소식을 듣는 것만큼 나쁜 일도 없다. 추천 맥주에 항상 귀를 열어놓고 핫한 맥주를 찾기 위해 SNS를 주시해야 한다.

→ ABV, 17쪽
→ Barrel-ageing, 37쪽
→ Pumpkin Ale, 182쪽

Festive Ale 축제 에일

STYLE

축제 (또는 크리스마스) 에일은 실제 맥주스타일은 아니다. 대부분 마케팅에 의해 정의되며, 때때로 모임이나 파티의 성격에 따라 정해지기도 한다. 일반적으로 풍성한 향미와 적당한 알코올 도수를 가지고 있으며 자극적이지 않다. 오싹함을 자아내는 펌킨 에일(pumpkin ale, 할로윈 맥주 – 역주)과는 달리, 이국적인 몰트 캐릭터와 배럴 숙성이 어울리는 맥주다.

→ Body, 51쪽
→ Fining, 96쪽
→ Haze, 114쪽
→ Head, 117쪽
→ Unfiltered, 231쪽

Filtration 여과

BREWING

시간이 충분하거나 유능한 브루어가 만든다면, 단백질 덩어리가 자체 중량으로 인해 밑으로 가라앉기 때문에 대부분의 맥주는 밝고 투명할 것이다. 하지만 이를 조금 더 진척시켜보자. 때때로 의도치 않은 부유물들을 '모으기' 위해 청징제가 사용된다. 여과는 대규모로 외부적인 개입이 진행되는 과정으로, 미학성과 안정성, 그리고 개성 간의 섬세한 균형이 요구된다.

이론상으로 현대의 여과 기술은 매우 효과적이기 때문에 미립자와 박테리아까지 모두 제거한다. 하지만 너무 많은 것이 걸러지면 바디와 헤드에 필요한 단백질, 홉 성분, 심지어 색 성분 등과 같은 좋은 것들도 잃게 된다. 최근 트렌드가 어떠하든, 여과 작업을 무조건 좋거나 나쁘다고 할 수 없으며 밝은 맥주를 위해 여과가 필수적인 조치는 아니라는 것을 꼭 기억해야 한다.

→ Filtration, 95쪽
→ Haze, 114쪽

Fining 청징제

BREWING

시간이 충분하고 적절한 환경이라면, 양조할 때 생기는 맥주의 혼탁은 점차 사라지고 투명해질 것이다. 그러나 극단적으로 투명함이 요구되는 스타일에서는 '청징제'가 사용된다. 건조된 물고기 부레로 만든 부레풀이 가장 일반적이며 오늘날까지 여전히 광범위하게 사용된다. 물론 젤라틴과 다른 합성물질 또한 효모 찌꺼기와 다른 미립자들을 발효조 밑으로 가라앉게 할 수 있다.

→ Cask, 69쪽

Firkin 퍼킨

EQUIPMENT

퍼킨은 약 40.9리터(9갤런) 용량의 금속 캐스크로 리얼 에일을 담는 규격 용기이며, 보다 덜 믿음직스럽고 덜 위생적인 나무 용기로 대체될 수 있다.

→ Acetobacter, 18쪽
→ Foeder, 100쪽
→ Sour, 211쪽
→ Spontaneous fermentation, 215쪽
→ Yeast, wild, 249쪽

Flanders Red/Brown 플랜더스 레드/브라운

STYLE

벨기에 맥주. 평범한 방법으로 양조된 후, 오크 배럴에서 최대 2년까지 숙성시켜 락토바실러스, 아세토박터, 브레타노마이세스와 같은 박테리아와 야생효모에 노출시킨다. 이러한 미생물들은 맥주에 독특하고 복합적인 신맛을 부여하는데, 식초와 같은 향미와 쿰쿰하고 흙향과 같은 풍미를 만들어준다. 이러한 향미는 몰트에서 나오는 캐러멜과 태운 설탕의 캐릭터와 좋은 균형감을 이룬다. 플랜더스 레드 에일과 플랜더스 브라운 에일 모두 숙련된 블렌딩 기술이 중요하며 이 스타일의 특성인 달큰하고 시큼한 맛의 균형을 위해 오래된 맥주와 새 맥주가 혼합된다. 신맛은 과일맥주의 베이스로 사용되곤 하는데, 체리와 라즈베리 플랜더스 에일이 이러한 방법으로 흔히 양조되는 맥주들이다. 양조 기술과 인내가 요구되며 제대로 양조하기 쉽지

않은 스타일이기 때문에 많은 미국의 크래프트 브루어들은 자신들의 능력을 증명하기 위해 플랜더스 레드를 만들고는 한다.

Flight 플라이트

DRINKING

전문적으로 선정된 맥주 샘플들. 맥주의 양은 각각 보통 잔의 1/3파인트, 즉 190ml로 서빙된다. 와인업계에서 시작된 플라이트라는 단어는 1970년대 말에 처음 사용되었고 '하늘을 함께 나는 한 무리의 비슷한 물체들'이라는 집합명사에서 유래했다. 맥주에 사용하기에는 너무 시적이라고 생각된다면 다음과 같은 단어로 대체해보면 어떨까? 맥주 떼herd 혹은 맥주 무리flock로…….

Flocculation 응집도

SCIENCE

→ Fermentation, 89쪽
→ Fermentation vessel, 91쪽
→ Haze, 114쪽
→ Trub, 230쪽
→ Yeast, 247쪽

효모가 열심히 발효를 끝내고 나면 떠 있던 효모들은 자연스럽게 큰 덩어리로 뭉쳐 발효조 바닥으로 떨어져서 맥주를 밝고 투명하게 만든다. 이를 응집이라고 하며 맥주 효모에서 일어나는 독특한 현상이다. 브루어들은 수세기 동안 발효조의 위아래에서 효모들을 모았기 때문에(상면발효효모, 하면발효효모에 따라 모으는 위치가 달랐다), 무의식적으로 더 응집력이 좋은 종을 선택했고 이로 인해 자연선택이 진행되었다. 만약 효모가 너무 일찍 응집되면 맥주는 완전하게 발효되지 않아 단맛이 난다. 반대로 너무 늦게 응집되면 효모취가 나고 불투명해질 것이다. 높은 응집도를 갖는 효모는 선호되지 않지만 양조하고자 하는 맥주 스타일에 따라 선택은 달라질 수 있다. 예를 들어 잉글리시 에일은 보통 높은 응집도를 갖는 효모를 사용하는 반면, 헤페바이젠과 같은 밀맥주는 낮은 응집도를 갖는 효모를 사용한다.

→ Fermentation, 89쪽
→ Sour, 211쪽
→ Spontaneous fermentation, 215쪽
→ Yeast, wild, 249쪽

Foeder 푸더

EQUIPMENT

푸더는 장기간 발효를 위한 전통적인 오크(주로 프랑스산 오크나무) 배럴로, 최근 도전적인 미국 크래프트 브루어 사이에서 점점 애용품이 되고 있다. 크기는 작은 배럴 정도부터 상업용으로 사용되는 매우 큰 것까지 다양하다. 야생효모와 박테리아는 오랜 기간 동안 천천히 진행되는 발효에 여러 형태로 영향을 끼친다. 이 과정은 몇 개월 정도 걸리기 때문에 보통 사우어 비어에 적합하다. 장기간의 발효기간과 자연발효가 주는 예상치 못한 결과들 때문에 푸더를 통한 발효는 브루어의 크래프트 정신을 증명하는 강력한 방법이기도 하다.

G

Germany 독일

ORIGIN

→ Lager (definition 1), 142쪽
→ Oktoberfest, 166쪽
→ Reinheitsgebot, 191쪽

맥주는 독일 문화에 아주 깊숙이 뿌리내리고 있기에 (적어도 맥주 애호가라면) 거품이 많은 호박색의 라거를 담고 있는 맥주잔 마스(Maβ, 마스는 독일에서 1리터 잔을 의미 – 역주)를 빼고서는 아인슈타인, 베토벤, 샤를마뉴대왕의 출생지인 이 나라를 설명하기 힘들다. 독일은 세계에서 가장 중요한 맥주 문화를 규정해놓고 있는 나라다. 1516년 라인하이츠게보트Reiheitsgebot 즉 '맥주순수령'을 제정해 '맥주'에 들어갈 재료를 엄격히 정하고 수백 년 동안 라거 양조 전통을 지켜가고 있는 것에 감사할 뿐이다. 깨끗하고 크리스피하며 섬세한 홉향을 가지고 있는 독일 라거는 두말할 것 없이 세계최고이며 가장 존경받는 맥주이다. 겉으로 보기에는 범위가 아주 제한적인 듯하지만, 독일에는 매혹적인 지역 맥주, 맥주 순수령을 벗어난 재미있는 맥주와 함께 놀랄 만큼 다양한 스타일의 맥주가 있으며, 결코 획일적이지 않다. 독일은 맥주에 대한 깊은 역사와 품질에 대한 장인정신으로 세계 곳곳의 브루어들에게 영감을 주고 있는 나라다.

Glassware 맥주잔

EQUIPMENT

→ Sanitization, 197쪽
→ Style, 220쪽

맥주를 담는 용기에 대한 아이디어는 아주 오래전으로 거슬러 올라간다. 잔의 디자인은 순수한 기능적 측면과는 항상 거리가 있었다. 야생 동물들의 진화처럼 맥주잔 디자인은 개인적인 취향과 풍미, 심지어 감정적인 부분을 완벽하게 발현시키는 형태로 여러 세대를 거쳐 변화해왔다. 맥주 용기는 매우 개인적인 것으로, 오늘날에도 많은 사람들이 (특히 영국에서) 바 뒤에 보관된 개인 전용잔을 들고 맥주를 마시는 것을 흔하게 볼 수 있다. 오늘날과 달리, 맥주잔은 19세기 말까지 유리로 만들지 않았는데 산업이 발전하지 않아 유리 가격이 비쌌기 때문이다. 이때까지 맥주는 도자기나 금속용기에 마셨다. 다양한 디자인은 서로 다른 민족성과 맥주 스타일과 연관이 있으며 주로 담겨있는 내용물의 독특한 캐릭터를 극대화하기 위해 고안되었다. 예를 들어, 길쭉한 플루트 모양의 맥주잔은 향보다 색과 헤드가 더 중요한 라거를 즐기기 좋은 형태로 되어 있다. 그러나 벨기에 에일의 경우에는 내용물을 휘돌려 복합적인 향을 코로 느끼기 좋은, 넓고 동글며 목이 긴, 마치 와인잔 같은 스템드 글래스가 더 적합하다.

Gose 고제

STYLE

→ Reinheitsgebot, 191쪽

고제는 독일의 전통맥주 중에서도 아주 특별한 맥주이다. 여러 가지 이유가 있지만, 우선 고제는 다른 독일 전통맥주와는 달리 라거가 아닌 에일이다. 또한 흥미롭게도 고제는 독일에서 종교와 같은 맥주 순수령을 바닥에 던져 버린 맥주이다. 밀 50%와 락토바실러스가 주는 신맛, 소금과 향신료가 포함되었기 때문에, 고제는 우리가 독일하면 주로 생각하는 라거나 필스너가 아니라 베를리너 바이세와 더 닮았다. 고제가 이런 특성들을 유지할 수 있었던 것은 지역 특산품으로 등록되었기 때문이다. 독일의 맥주 정책은 잠시 제쳐두고 고제를 맥주 자체로만 보면, 갈증해소에 매우 좋으며, 식욕을 돋우고, 따뜻한 날에 과일과 함께 마시기에 좋은 맥주다. 전통 고제와 크래프트 브루어들이 만들어내는 고제의 차이점을 비교해보는 것도 매우 재미있는 일이다.

→ ABV, 17쪽
→ Fermentation, 89쪽
→ Hydrometer, 128쪽
→ Wort, 244쪽

Gravity 비중

TASTING

비중은 맥즙 또는 맥주의 밀도를 의미하는 것으로 당이 얼마나 들어있는지를 설명한다. 효모가 투입되기 전에 측정한 초기 비중original gravity; OG과 발효가 끝난 이후 측정한 최종비중final gravity; FG을 통해 브루어는 얼마나 많은 당이 에탄올로 변환되었는지 계산할 수 있으며 단순한 공식을 사용한다. 그리고 이 공식을 통해 맥주의 ABV를 도출해낼 수 있다. 비중을 재기 위해서는 비중계라 불리는 단순한 장비를 사용하거나 더 정확한 수치를 위해서는 굴절계를 이용한다. 대략적으로 두 가지 스케일을 사용하는데, 플라토Degree Plato와 OG가 그것이다. 플라토는 맥즙 속에 녹아있는 고체의 농도를 의미하는데 중량 대비 퍼센트(%)로 나타낸 것이고, OG는 동일한 부피의 순수한 물의 중량과 맥즙 중량 간 비율을 의미한다. 벨기에는 자체적인 스케일인 벨지안 디그리Belgian degrees를 가지고 있는데, 이는 OG와 상당히 유사하다. 양조 레시피에는 초기 비중과 최종 비중의 목표치가 존재한다. 이 목표치는 사용되는 몰트의 종류와 양, 장비의 효율, 효모의 발효도에 의해 결정된다.

→ Hops, 123쪽

Green Beer 그린 비어

STYLE

홉 수확 시기에 즐길 수 있는 멋진 전통으로, 줄기에서 바로 딴 그린 홉 또는 '건조하지 않은' 홉을 넣어 만든 맥주를 일컫는다. 홉은 수확되면 단시간에 품질이 저하되기 때문에 그린 비어를 양조할 수 있는 기회는 많지 않을뿐더러 매우 한정된 양만 만들 수 있다. 이런 의미에서 그린 비어는 이름과 달리 이중적인 표현이다. 그린 비어는 최고의 신선도를 가지고 있기에 당연히 찾아 마셔볼 가치가 있다. 그린 홉은 가볍고, 풀 향과 독특하고 재미있는 캐릭터를 맥주에 부여한다. 또한 일반적인 건조 홉에 비해 덜 자극적이며 섬세한 청량감을 보여준다. 그린 비어는 홉이 수확되는 모든 곳에서 양조되며 수확량이 많은 곳에서는 매번 수확기에 홉 관련 축제를 열고는 한다.

→ Malting, 150쪽
→ Mash, 153쪽

Grist 그리스트

BREWING

몰트의 전분이 당화를 통해 당으로 쪼개지기 전, 곡물은 분쇄되어 거친 가루가 된다. 이렇게 분쇄된 곡물을 그리스트라고 한다. 몰트 분쇄의 정도는 굉장히 중요하다. 잘 분쇄되지 않은 낱알들은 쉽게 당화되지 않아 양조 효율성을 떨어뜨린다. 너무 미세하게 분쇄되면 매쉬가 두껍고 질게 되어 역시 효율성이 떨어지고 전체 과정을 중단시킬 수 있는 원인이 된다. 한번 분쇄된 곡물은 유효기한을 갖는다. 따라서 구입한 곳에서 바로 곡물을 분쇄해주는 곳을 찾는 것이 좋다. 그렇지 않으면 그리스트가 얼마나 오랫동안 그 가게에 있었는지 알 방법이 없다.

* 규모에 상관없이 상업 브루어리는 곡물을 구매해 양조 전 분쇄한다. 마지막 문장은 홈브루잉에 해당되는 이야기이다. – 역주

→ Carbonation, 66쪽
→ Pub, 181쪽
→ Taproom, 223쪽

Growler 그라울러

EQUIPMENT

요즘 그라울러는 스윙탑swing-top이 달린 재사용 가능한 병으로 만들어져 탭룸이나 바틀 숍의 케그나 캐스크에서 맥주를 바로 채워준다. 이렇게 그라울러에 담긴 맥주는 신선도가 유지될 때까지 집에서 즐길 수 있다(스테인리스 재질도 있다). 최근 많은 가게들은 상업 브루어리의 바틀링bottling 라인과 같은 '그라울러 스테이션'을 가지고 있어, 산소와 거품 또는 다른 오염물질 없이 맥주를 그라울러에 채워주기도 한다. 그라울러의 사용은 17세기 말로 거슬러 올라간다. 당시에는 맥주가 살균된 음료로서 물 대신 마셨기 때문에, 신선한 맥주를 뚜껑이 달린 아연도금된 양동이에 담아오곤 했다. 그라울러라는 이름은 뚜껑을 통해 흔들리는 맥주의 이산화탄소가 새어나올 때 나는 소리에서 유래했다고 한다. 이처럼 그라울러는 오랜 시간 꾸준히 이용되어 왔다. 특히 영국 같은 곳에서는 캐스크와 리얼 에일의 전통이 있었기 때문에 신선한 맥주를 집으로 가져가는 것이 매력적인 일이었다. 그라울러의 종류는 초기의 양동이로부터 1950년

대와 1960년대에는 밀랍으로 칠한 마분지로, 1980년대와 1990년대에는 플라스틱 페트병으로, 오늘날에는 스테인리스나 스윙탑이 달린 병으로 발전되어 왔다.

→ Lambic, 145쪽
→ Sour, 211쪽

Gueuze 괴즈

STYLE

오래된 람빅과 오래되지 않은 '젊은' 람빅을 혼합하여 병입한 람빅을 괴즈라고 하며 엄청나게 복합적인 캐릭터를 보여준다. 괴즈는 요거트처럼 가벼운 시큼함이 있는 것부터 식초와 같은 무거운 시큼함이 있는 것까지 범위가 다양하며, 열대과일의 느낌과 강한 오크향을 가지고 있다. 람빅은 병내 숙성을 하며, 이렇게 병내 숙성을 하는 람빅은 일반적인 람빅보다 훨씬 강한 탄산을 가지고 있다. 이 스타일을 대표하는 브랜드는 칸티용 괴즈Cantillon Gueuze 100%와 드리 폰테이넨 오드 괴즈Drie Fonteinen Oude Geuze가 있으며 이들의 빈티지 시리즈에 람빅 팬들은 열광한다.

H

→ Beer fear, 41쪽
→ Drunkenness, 81쪽

Hangover 숙취

DRINKING

강력한 신경독소(술)의 섭취로 몸과 마음속에 발생되는 화학적 대혼란의 여파. 숙취 뒤에 숨겨진 정확한 생리학적 메커니즘은 미스터리로 남아 있지만, 숙취로 인하여 어떤 일이 일어나며 왜 일어나는지 우리는 이미 알고 있다. 첫째, 탈수현상이 나타난다. 당연히 침대로 뛰어들기 전에 물 한잔을 마시는 것은 어느 정도 도움이 될 것이다. 또한 간은 에탄올을 대사할 때 분해되어야 하는 또 다른 독소인 아세트알데히드를 생성한다. 게다가 술은 강력한 진정제이기 때문에 보통 자책감을 느끼게 하여 또 다른 부작용을 일으킬 수도 있다. 날계란을 먹는 등 소위 '숙취해소법'이라고 하는 방법들은 다양하게 존재한다. 또한 많은 사람들이 해장술hair of the dog*의 효과를 맹신하지만, 알코올 자체에 대해 가벼운 진통 효과를 주는 것 외에 어떠한 도움이 된다는 증거는 없다. 숙취는 단기 알코올 남용과는 상당히 다르다. 알코올 남용이란 몸에 해가 될 정도의 에탄올을 단기간에 섭취하는 것이다. 따라서 훨씬 더 심각한 상태라는 점에 유의해야 한다. 알코올 남용 증상은 구토, 저체온증, 의식불명, 경련을 포함할 수 있다. 알코올 남용은 잠을 잔다거나 카페인의 도움으로는 해결될 수 없으며 즉시 의료적인 지원을 요청해야 한다.

* 해장술을 의미한다. 'hair of the dog'라는 말은 먼 옛날 '개에 물리면 그 개의 털을 상처에 대면 낫는다'는 미신에서 유래했다. '독에는 독으로 다스린다'는 의미이다. – 역주

→ Filtration, 95쪽
→ Fining, 96쪽
→ NEIPA, 161쪽
→ Trub, 230쪽
→ Whirlpool, 240쪽

Haze 혼탁

FAULT

매우 맑은 맥주에 대한 우리의 집착은 결코 새로운 현상이 아니다. 수세기에 걸쳐 브루어들은 여과부터 청징에 이르는 일련의 과정에서 깨끗하고 맑은 술을 얻기 위한 수많은 기법들을 개발했다. 하지만 여전히 많은 경우에 양조상의 실책이 뒤따르고 혼탁한 맥주는 항상 고객들의 불만을 야기한다. 저온혼탁Chill haze은 많은 크래프트 에일 맥주를 포함한 여과되지 않은 맥주에서 흔하게 나타나는 현상이다. 맥주가 차가워지면 이미 액체 내에 존재하고 있던 단백질이 용액으로부터 분리된다. 이 단백질은 맥주에 유해하고 풍미를 해치는 혼탁을 만들어내며, 맥주의 온도가 다시 올라가면 사라진다. 만약 병맥주를 서투르게 따르거나 제대로 안정화 시키지 않았을 경우, 효모 침전물이 병 안에서 소용돌이치며 혼탁을 일으킬 수도 있다. 이는 맥주의 맛에 영향을 미치며, 만약 스타일적으로 의도한 부분이 아니라면, 반드시 피해야 한다. 미생물 감염 또한 혼탁을 일으킬 수 있다. 만약 여러분이 예상 밖의 흐릿한 맥주를 제공받았다고 생각해보자. 게다가 그 맥주에서 시큼하거나 식초 같은 짜릿함을 느꼈다면 그 맥주는 반드시 돌려보내야 한다. 마지막으로 맥주가 유통기한이 한참 지났거나 잘못 보관된 경우, 병에서 '스노우 글로브'Snow globe 효과를 관찰할 수 있다. 이는 복합 단백질 구조가 분해되어 액체 밑으로 침전된 결과물이다. 물론 헤페바이젠과 윗비어 같은 몇몇 스타일은 의도적으로 혼탁함을 만들어낸다. 사실 전통적으로 헤페바이젠은 혼탁한 상태로 서빙되는 것을 높이 산다. 그러나 늘 그렇듯이, 현대적인 크래프트 맥주 브루어들은 전통적으로 용인되었던 범위를 넓히고 있다. 예를 들어 노스이스트 IPA North East IPA; NEIPA의 광풍은 걸쭉한 농도를 가진 맥주를 유행시켰고, 어떤 비양심적인 브루어들은 이런 시류에 부합하여 자신들의 맥주를 더욱 뿌옇게 만들기 위해 밀가루를 섞는다는 소문이 돌기도 했다.

→ Body, 51쪽
→ Carbonation, 66쪽
→ Nitrogen, 162쪽

Head 헤드

TASTING

화려한 크림 같은 화이트 색감의 머랭, 혹은 끈적하고 레이스 같은 토핑의 모습을 한 맥주의 헤드는 향, 풍미, 그 밖의 미적 요소들을 포함해 일반적으로 맥주를 마시는 모든 경험에 있어 필수적인 구성 요소이다. 사람들은 맥주 헤드에 매우 열광한다. 헤드는 맥주에 녹아 있는 가스 거품들로 이루어져 있는데 보통 액체로부터 침전되어 있다가 맥주를 따를 때 표면으로 떠오른다. 맥주 속 계면활성제라고 불리는 분자들은 거품벽 주위에 모여들어 맥주 안에 들어갈 수 있는 외부기체의 양을 제한하고 그것을 최소한으로 유지해준다. 또한 계면활성제는 거품이 표면에 도달했을 때 헤드가 빨리 사라지지 않고 단단하도록 해주면서 거품의 안정화에 기여한다. 계면활성제는 곡물(특히 맥아와 밀)과 홉에 존재하는 분자들에 기인하기 때문에 맥주에서만 볼 수 있는 매우 특별한 성분이다. 만약 곡물과 홉 중 하나라도 없다면 절대로 이와 같은 결과는 나오지 않을 것이다. 헤드의 형성과 맥주 거품에서 가장 중요한 요소 중 하나는 일반적으로 '거품 생성 장소'site of nucleation가 존재한다는 것이다. 조금 자연스럽게 설명하면 '거품이 형성될 수 있는 거친 표면'이라 할 수 있다. 대부분의 맥주잔은 내부에 미세한 질감을 갖도록 특별히 제작되어 맥주에 용해된 이산화탄소를 응집시켜 주고 헤드를 만드는 거품의 형성을 유도하는 데 매우 중요한 역할을 한다.

→ Cleaning, 69쪽
→ Competitions, 73쪽
→ Home-brew equipment, 118쪽
→ Sanitization, 197쪽

Home-brew 홈브루잉

BREWING

맥주를 사랑하는 사람들에게 완벽한 한 잔의 맥주가 주는 황홀감은 그것을 마시는 것뿐만 아니라 만드는 데에서도 올 수 있다. 물론 홈브루잉이라는 아이디어는 상업 브루어리가 출현하기 수천 년 전에 이미 등장했다. 많은 전문 브루어들은 그들의 (혹은 부모님의) 차고에서 30리터(6½갤런)짜리 소규모 용기를 통해 실수하고 배우며 경력을 시작했다. 1970년대 말까지 대부분의 규제가 사라졌지만 많은 나라에서 20세기는 세금과 법으로 홈브루잉이 규제된 시기였다. 이때의 홈브루잉은 그저 싸구려 맥주를 만드는 것으로 생각되었고 심지어 슈퍼마켓 선반에서 살 수 있는 그저 그런 맥주들과 비슷하거나 조금 더 나은 정도로 여겨졌다. 한동안 많은 홈브루어들은 물에 효모와 액상몰트 추출물, 그리고 홉 추출물을 넣어 2주 정도만 발효시키면 마실 수 있는 간단한 키트를 사용하였다. 최근 몇 년 사이 크래프트 맥주의 인기가 높아진 덕분에 많은 전문 홈브루 매장들이 생겨나게 되었고 더 나은 맥주를 만들기 위해 추출물이 아닌 원재료를 사용하는 완전곡물All-grain 양조가 성행하게 되었다. 또한 소규모 상업양조 설비에 가까운 그레인파더Grainfather, 브라우마이스터Braumeister 등과 같은 고품질 양조장비를 사용할 수 있게 됨에 따라 홈브루어들의 양조기술 또한 비약적으로 향상되었다.

→ Cleaning, 69쪽
→ Home-brew, 117쪽
→ Kettle, 138쪽
→ Sanitization, 197쪽
→ Wort, 244쪽

Home-brew equipment 홈브루잉 장비

EQUIPMENT

완전곡물을 이용한 홈브루잉조차 매우 소박한 장비로 가능하며, 그들 중 대부분은 부엌에서 손쉽게 발견할 수 있다. 홈브루잉을 시작하기 전에 반드시 손에 들고 있어야 하는 몇 가지 키트를 소개한다.

- 당화 및 끓임을 위한 대형 냄비 하나(두 개면 더 좋다)
- 다량의 몰트를 담을 수 있는 넓고 튼튼한 소쿠리
- 끓임솥
- 큰 주전자
- 손잡이가 긴 스푼
- 온도계
- 살균제

- 세척용 구연산
- 맥즙을 식히기 위한 도구들. 보통 비대면 냉각기, 침지 냉각기 또는 얼음물을 담은 대형 욕조
- 맥즙을 옮기기 위한 사이펀
- 유리 카보이Carboy* 또는 에어록Airlock이 달린 플라스틱 발효통
- 병입 키트

* 액체를 담는 대형 유리병 – 역주

Hop bursting 홉 버스팅

BREWING

→ Dry-hopping, 82쪽
→ Essential oils, 85쪽
→ Hops, aroma, 124쪽
→ Whirlpool, 240쪽

과한 쓴맛을 동반하지 않고 홉으로부터 최대치의 아로마를 추출하는 인기 있는 기법이다. 레이트 호핑late hopping이라고도 한다. 맥즙이 끓기 시작할 때 모든 홉을 추가하는 대신, 홉 전부 혹은 대부분을 마지막 몇 분까지 투입하지 않거나 월풀 단계에서 투입한다. 향의 품질을 향상시키는 휘발성의 에센셜 오일은 날아가지 않는 반면, 홉의 알파산이 장기적인 열에 노출되지 않기 때문에 이성화와 쓴맛을 제한할 수 있다.

Hop pellets 홉 펠렛

INGREDIENT

→ Home-brew, 117쪽
→ Hops, harvesting, 127쪽
→ Off flavors, 165쪽

홉 콘whole-cone hops의 대체품으로 홈브루잉에서 흔히 사용되지만 때로는 상업적인 생산에도 사용된다. 일차적으로 건조한 홉을 펠렛 형태로 만들기 위해 해머밀hammer-mill로 보내 축축한 상태의 가루로 만든다. 이를 건조 가축사료를 만드는 장비와 유사한 압출성형 금형에 강제로 밀어내며, 일반적으로 빛과 산소로부터 보호하기 위해 진공 포장된 호일백에 넣어 판매된다. 홉 펠렛의 품질은 이 압출성형과정의 온도와 속도에 의해 크게 좌우된다. 이 과정의 온도가 너무 높거나 속도가 너무 빠르다면 홉이 타버리거나 산화될 수 있어 최종적으로 생산된 맥주에 뚜렷한 이취를 유발할 수 있다. 홉 펠렛은 장단점을 모두 가지고 있다. 장점은 밀링 과정에서 루플린선lupulin gland이

분쇄되어 끓임단계에서 쉽게 용해되기 때문에 홉의 효율성이 10% 정도 상승한다는 것이다. 단점은 홉 펠렛이 끓임조나 발효조 안에서 홉 찌꺼기를 만들 수 있어 종종 추가적인 필터링이 필요하다는 것이다. 어떤 브루어들은 홉 펠렛을 자연적이지 않은 것으로 바라보며 밀링하는 과정에서 홉의 향과 풍미가 손상된다고 불평하기도 한다.

→ Dry-hopping, 82쪽
→ Essential oils, 85쪽
→ Hop pellets, 121쪽
→ Hops, aroma, 124쪽

Hop torpedo 홉 톨페도

BREWING

캘리포니아의 시에라네바다 브루어리에 의해 개발된 홉 톨페도는 이제 상업 양조장에서 홉 콘을 이용해 드라이 호핑하는 가장 인기 있는 방법이 되었다(이전에 양조사들은 아마도 조금 더 효과적이고 사용하기 편한 홉 펠렛이나 추출물을 사용하였을 것이다). 홉 톨페도는 달 착륙선 모양을 하고 있지만 그 원리는 매우 간단하다. 홉 콘을 가득 채운 격실이 있는 작은 탱크로, 큰 탱크 안에 들어있는 맥주를 며칠 동안 홉 톨페도 내부로 순환시킨다. 이 방법의 주요 장점은 홉 찌꺼기가 메인 탱크에 절대 들어가지 않으며, 홉 톨페도 내부의 홉이 지속적으로 순환하고 느슨하게 분포하여 최대의 효율을 보장한다는 것이다.

→ Hops, aroma, 124쪽

Hop trends 홉 트렌드

BEER CULTURE

최근 몇 년 동안 크래프트 맥주 혁명이 바꾼 것이 한 가지 있다면, 그것은 바로 우리가 홉이라는 작은 식물을 제대로 이해하기 시작했다는 것이다. 1970년대에 대형 라거 맥주회사들이 시장을 지배하기 시작한 이래로, 맥주에서 홉은 지나치게 자기의 색을 내어서는 안 된다는 것이 일반적인 통설이었다. 예전의 홉 역할은 음용성drinkability이라는 한 가지 목표에 집중하는 슈퍼마켓 라거에 필스너 몰트와 균형을 맞추는 깔끔하고 1차원적인 쓴맛을 주는 것이었다. 홉 사육업자들은 이런 상황에 절망했고, 아주 최근까지만 해도 홉의 향이나 색다른 풍미를 갖는 다양한 품종을 재배한다는 생각은 터무니없는 것이었다. 이러한 고정관념은 1980년대와 1990년대에 걸쳐 미국에서 변하기 시작했다. 앵커와 시에라네바다 같은 미서부의 소규모 개척자들은 그 지역에서 번성했던 과일풍미를 내는 홉 품종을 살펴보았다. 이 홉들은 그 당시 존재했던 다른 홉들과 달리 쌉싸름하고 과즙 가득한juicy 향과 풍미를 가지고 있었고, 홉이 강조된Hop-forward IPA와 아메리칸 페일 에일APA의 갑작스러운 인기는 모든 것을 바꾸어 놓았다. 뉴질랜드의 넬슨 소빈Nelson Sauvin과 같은 매우 이색적이고 새로운 품종의 홉들은 물론이고 이전에 잘 알려지지 않았던 미국산 품종들까지 이제는 매우 흔한 것이 되었으며 전 세계 수천 개의 크래프트 브루어리들은 더욱 흥미진진하고 이국적인 새로운 선택을 위해 아우성치고 있다.

Hops 홉

INGREDIENT

→ Hops, aroma, 124쪽
→ Hops, bittering, 124쪽
→ Hops, breeding, 124쪽
→ Hops, harvesting, 127쪽
→ New World Hops, 161쪽
→ Noble Hops, 162쪽
→ Terroir, 224쪽

홉 그 자체Humulus lupulus는 정말 특이한 종이다. 홉의 '콘'Cone은 과실이면서 부분적으로 꽃이기도 하다. 세계 각지의 따뜻하고 습하며 온화한 지역에서 덩굴채 무성하게 자라는 것을 발견할 수 있다. 홉은 수백 년 동안이나 양조에 사용되었다. 홉은 지역특이성을 띠는 식물이기 때문에 각 지역마다 독특한 품종과 스타일을 가지고 있다. 또한 토양, 햇빛, 공기, 기상 조건에 극도로 민감하다. 같은 품종의 홉이 서로 다른 나라에서 재배될 경우 미묘하지만 확실하게 다른 특성을 가진다는 주장은 와인에 있어서 테루아에 대한 것만큼 논쟁적인 주제이다. 홉 콘의 중심에 있는 작은 줄기는 거미줄 꽃잎 같은 모양의 잎과 (가장 중요한) 루플린Lupulin이라고 불리는 왁시waxy한 밝은 노란색의 입자들로 둘러싸여 있다. 루플린은 맥주에 맛, 향, 그리고 항균성을 제공하여 좋은 맥주를 위한 원천이 된다. 맥주의 쌉싸름한 맛을 내는 데 매우 중요한 알파산과 베타산, 수지 외에도 품종과 지역에 따라 달라지는 수백 가지의 독특한 아로마 오일을 포함하고 있는데 소나무, 민트, 풀, 수지, 망고, 감귤류, 그리고 다양한 허브, 향신료, 꽃과 과일 향의 아로마를 포함하고 있다.

→ Alpha acid, 21쪽
→ Boil, 51쪽
→ Dry-hopping, 82쪽
→ Essential oils, 85쪽
→ Hop torpedo, 122쪽
→ Wort, 244쪽

Hops, aroma 아로마 홉

INGREDIENT

이름에서 알 수 있듯이, 아로마 홉은 맥주에 향과 풍미를 첨가하기 위해 사용되는 홉이다. 아로마 홉은 대부분 알파산(5%나 그 이하)은 낮지만 향을 주는 에센셜 오일이 풍부하다. 아로마 홉은 끓임단계 이후 맥즙에 첨가되거나, 효과를 극대화하기 위해 드라이 호핑을 하기도 한다. 또한 많은 홉들이 쓴맛을 내는 비터링 홉bittering hop과 풍미를 위한 아로마 홉aroma hop으로 동시에 사용되기도 한다. 예를 들어 시트라 홉은Citra hop은 두 단계에 걸쳐 투입된다. 첫 번째 단계는 끓임단계를 시작할 때 투입한다. 이는 알파산을 이성화하여 맥주에 쓴맛을 내도록하기 위함이다. 두 번째 단계는 끓임단계가 끝나기 바로 직전에 홉의 독특한 레몬과 열대 과일의 느낌을 위해 투입한다. 지난 수십 년 동안 아로마 홉을 최대한 활용하는 새로운 방법에 많은 관심이 집중되었고 드라이 호핑, 홉톨페도와 심지어 '호피네이터'*와 같은 혁신으로 이어졌다.

* hoppinator. 펍에서 맥주가 서빙되기 전에 간이로 홉을 채워 넣은 통에 맥주를 통과하여 홉의 아로마 오일이 맥주에 스며들게 하는 장치이다. – 역주

→ Alpha acid, 21쪽
→ Boil, 51쪽

Hops, bittering 비터링 홉

INGREDIENT

일반적으로 알파산은 높지만 휘발성 아로마 오일은 낮은 홉을 일컫는다. 비터링 홉은 끓임단계 초기에 투입되어 이성화를 최대화한다.

→ Hops, aroma, 124쪽
→ Hops, bittering, 124쪽

Hops, breeding 홉 재배

SCIENCE

세계에서 가장 인기 있는 홉 품종들은 수세기 동안 지속적으로 재배되어 왔다. 그러나 풍미, 향, 쓴맛, 수확량, 날씨 및 병충해에 대한 저항력을 높이기 위하여 새로운 홉들도 지속적으로

개발되고 있다. 새롭고 참신한 향과 풍미를 가진 홉에 대한 상업적 욕구는 국제적인 크래프트 맥주 운동의 성장 덕분에 폭발적으로 증가했고, 이전에는 비상업적이고 기이한 것으로 여겨져 버려졌던 식물들도 활발하게 선택되고 있다. 최초의 교배부터 마지막 상용화에 이르기까지 새롭게 개발되는 홉은 토질에 맞는 품종을 재배하고 선택해야 하기 때문에 일반적으로 최소 10년 정도 걸린다. 또한 홉이 실제로 사용되는 방법에 대해 브루어리와의 협력도 필요하다. 이러한 개발은 미국의 홉 브리딩 컴퍼니Hop Breeding Company나 영국의 위홉스Wye Hops와 같은 몇몇 전문 회사들에 의해 진행되고 있다.

→ Hop pellets, 121쪽

Hops, harvesting 홉 수확 BREWING

홉 농장이나 정원은 포도밭과 많은 공통점을 가지고 있다. 농장의 겉모습도 비슷하지만 매년 이 섬세한 작물을 유지하는 데 많은 보살핌이 필요하다는 점도 그렇다. 높은 장대는 홉들 간의 넓은 간격을 의미하며 각 라인에는 홉 덩굴이 기어오르기 위한 굵은 줄이 세로로 걸려 있다. 적당한 계절이 오면 홉 덩굴은 믿을 수 없을 정도로 빨리 자라며 최적의 수확량(물론 홉이 병충해를 입지 않았을 때)을 만들어내기 위해서는 매우 노동집약적인 작업이 필요하다. 홉이 갖고 있는 특징들 중 하나는 낮의 길이에 매우 민감하다는 것이다. 홉 콘은 낮의 길이가 정확히 들어맞을 때에만 형성되기 시작한다. 그리고 이 식물은 날씨가 어떻든 대략적으로 매년 거의 같은 날에 그 연간 주기annual cycle를 시작하고 끝낸다. 예를 들어, 홉은 늦봄에 내린 서리에 영향을 받을 수 있다. 수확이 준비되면(영국에서는 전통적으로 추분 전에 끝마친다) 땅 위로 30cm 정도 위로 덩굴을 잘라내고, 이후 건조 과정을 위해 홉 콘이 달려있는 긴 줄기를 트럭에 싣는다. 이때 가장 중요한 점은 홉 줄기를 일단 한번 자르면 건조를 위해 서둘러 건조장으로 옮겨야 한다는 것이다. 잘린 홉들은 수 시간 안에 썩을 수 있기 때문이다. 건조장으로 이송된 홉은 이후 폐기되는 덩굴과 홉 콘으로 분리되어 가마 건조기Kiln dryer로 쌓여서 들어간다. 상부가 개방되어 있는 넓고 얕은 탱크모양의 건조기 내부에서 홉이 안정되고 건조될 때까지 뜨거운 공기를 통과시킨다. 건조 이후 홉들은 콘 형태로 압축되어 포장되거나, 펠렛으로 만들기 위해 추가적인 처리과정을 거친다. 어떤 형태의 홉 제품이든 자외선으로부터의 보호를 위해 호일이나 다른 재료로 포장된다.

Hot break 핫 브레이크

BREWING

→ Boil, 51쪽
→ Kettle, 138쪽
→ Mash, 153쪽
→ Sparge, 212쪽
→ Wort, 244쪽

당화와 스파징 이후 끓임단계에서 맥즙이 끓어오르기 시작하면 주로 곡물에서 나온 단백질로 구성된 두꺼운 거품이 위로 상승한다. 약 5분 정도 지나면(단백질이 더 있다면 조금 더 길게) 거품이 사라지게 되고 지속적인 끓임 덕분에 단백질과 다른 물질들은 눈으로 쉽게 보이는 입자로 뭉쳐지게 될 것이다. 이것이 핫 브레이크이다. 끓임단계 이후 이 무거운 덩어리들이 끓임조 바닥으로 가라앉으면 제거할 수 있다. 이러한 핫브레이크가 없으면 단백질이 부유물 속에 남아있게 되고 이는 저온혼탁뿐만 아니라 완성된 맥주에서 다른 문제들을 일으킬 수 있다. 따라서 핫 브레이크는 양조 과정의 필수적인 부분이다.

Hydrometer 비중계

EQUIPMENT

→ ABV, 17쪽
→ Fermentation, 89쪽
→ Gravity, 107쪽
→ Wort, 244쪽

액체 속의 당분 및 기타 용해성 물질의 양(또는 '비중')을 측정하기 위한 간단한 과학 도구로 유리재질로 되어 있으며 눈금이 있는 막대가 붙어 있는 부유구glass float로 구성되어 있다. 비중계를 용액(맥주 양조 시에는 맥즙)에 떨어뜨려 표면에서 멈추는 지점의 눈금을 통해 값을 얻을 수 있다. 순수한 물에서는 상당히 밑으로 가라앉겠지만 어떤 수준 이상의 당분과 용해성 물질이 들어있는 고밀도 용액에서는 위로 떠올라 더 높은 눈금을 나타낸다. 비중계는 브루어의 무기고에서 중요한 도구이기는 하나 한 치의 오차도 보여주지 않는 정확한 장비는 아니다. 때문에 대형 브루어리에서는 정확한 비중을 측정하기 위해 더 정교한 전자 장비를 사용한다.

IBD 아이비디

→ Siebel Institute, The, 208쪽

BEER CULTURE

맥주양조산업과 증류산업에 있어 세계에서 가장 훌륭한 교육 기관인 IBD Institute of Brewing and Distilling는 영국에 근거를 두고 있으며 차세대 전문 브루어를 육성하고 자격증을 발급하고 있다. 세계적으로 맥주 연구와 교육에 있어 존경 받는 다른 기관으로는 미국의 지벨 Siebel Institute이 있다.

Imperial 임페리얼

→ ABV, 17쪽

STYLE

역사적으로 임페리얼은 영국에서 제정 러시아 황실로 수출되었던 맥주에 붙여진 명칭이었으며 일종의 품질에 대한 보증과도 같은 것이었다. 오늘날 크래프트 씬에서는 다른 맥주보다 '알코올 도수와 풍미가 강하다'라는 의미에 더 가깝게 쓰인다. 다른 스타일의 범위에도 적용되어 '더블' Double이라는 의미로 쓰이기도 하는데, 이것은 일반적으로 같은 스타일이라도 알코올 도수가 2배라는 의미이다. 예를 들어 더블 IPA는 일반적으로 9% 정도의 알코올 도수를 갖는 IPA를 의미한다.

Imperial Stout 임페리얼 스타우트

→ ABV, 17쪽
→ Barrel-ageing, 37쪽
→ Stout, 219쪽

STYLE

18세기 러시아 황실은 알코올 도수가 낮은 영국과 아일랜드의 스타우트보다 알코올 도수가 확연히 높은 스타우트를 사랑했다. 임페리얼 스타우트는 일반적으로 8% 정도의 알코올 도수를 가지며 때로는 그 이상이어서 매우 거친 풍미와 풍부하고 끈적거리는 마우스필을 느낄 수 있다. 현재는 세계각지에서 임페리얼 스타우트가 양조되고 있지만 여전히 러시아와 발트해 연안 국가에서 굉장히 인기 있는 스타일로 남아있다. 그들은 종종 더 풍미를 진하게 만들기 위해 배럴 숙성하기도 한다.

IPA 아이피에이 STYLE

→ American IPA, 24쪽
→ Pale Ale, 169쪽

인디아 페일 에일India Pale Ale. 엄밀히 말해서 잉글리시 IPA는 페일 에일과 비터의 하위 카테고리에 놓아야 할지도 모르지만, 크래프트 맥주운동을 통해 매우 중요한 반열에 올랐기 때문에 단독 카테고리를 가질 충분한 자격이 있다. 최초의 페일 에일 중에 18세기 후반 런던의 보우 브루어리Bow Brewery에서 생산된 인도 수출용 맥주가 있었다. 보우 브루어리는 템스 강의 동인도 부두 근처에 있었기 때문에 동인도회사의 무역상들이 가장 좋아하는 브루어리였다. 이것이 아마도 수출용 맥주로 선택된 이유였을 것이다. 맥주가 상하는 것을 방지하기 위해 보통의 페일 에일보다 더 많은 홉을 넣었고 더 강한 알코올 도수를 가지고 있었던 이 새로운 IPA는 인도를 향한 긴 여행에 더 적합했으며 배에서 보내야 하는 긴 시간은 캐릭터를 더욱 향상시켰다. 비록 페일 에일과 비터 그리고 IPA 사이의 구별이 조금 모호하긴 했지만, 영국 맥주들과 스타일은 세계로 수출되었기 때문에 홉이 강조되고 알코올 도수가 높은 맥주에 대한 아이디어는 20세기 후반 미국 브루어들의 상상력에 영향을 끼쳤다. 이후 IPA의 거대하고 세계적인 르네상스가 시작되었다.

* 보우 브루어리가 인도로 보내기 위해 홉과 알코올을 강조한 맥주는 페일 에일이 아닌 옥토버 비어october beer라는 것이 정설이다. – 역주

Irish moss 아이리시 모스 INGREDIENT

→ Boil, 51쪽
→ Fining, 96쪽
→ Flocculation, 99쪽
→ Haze, 114쪽
→ Hot break, 128쪽
→ Trub, 230쪽
→ Wort, 244쪽

아이리시 모스(학명 *Chrondus crispus*)는 유럽과 북미 대서양 연안에서 많이 발견되는 흔한 해조류이다. 맥주 양조에서는 청징제로 사용하는데 음극 정전하 물질인 카라기닌 성분이 풍부하

다. 맥즙의 핫 브레이크 안에서 형성된 단백질 덩어리들은 양극이기 때문에 음극인 아이리시 모스에 함께 결합되고 부유물에서 떨어져 나오기 때문에 결과적으로 발효조로 들어가지 않아 더 맑은 맥주를 만들어낸다. 아이리시 모스는 풍미에 직접적인 영향을 주지 않으며 적은 양으로도 큰 효과를 낸다. 카라기닌 성분이 매우 풍부하기 때문에 식품산업에서는 아이스크림과 같은 상품의 농후제나 안정제로 많이 쓰인다.

J

Judging 맥주 심사

BEER CULTURE

맥주대회에 심사위원으로 초대되는 것은 대단히 영광스런 일이며, 일반적으로 전문성과 공정성을 갖춘 전문가들에 의해 매우 진지하게 진행된다. 맥주 심사는 대개 매우 조직적이고 체계적인 과정을 거치는데, 편견을 가질 만한 정보나 브루어에 대한 사전 지식을 배재하기 위해 블라인드 테스트를 진행하며 매 대회마다 다른 기준을 설정한다. 얼핏 듣기에 매우 즐거운 일처럼 보이지만 사실 맥주 심사는 해야 할 일이 매우 많다. 큰 대회에서는 우승자를 가리기 위한 몇 개의 라운드가 진행되기 때문에 심사위원들은 단시간 내에 다양한 스타일의 맥주를 많이 시음해야 한다. 만약 당신이 맥주 대회와 관련된 일에 흥미가 있다면 그 대회의 자원봉사자로 일해보는 것은 좋은 출발점이 될 수 있다. 또한 전문 심사위원이 되기를 원하는 사람을 위한 자격 프로그램도 여러 개 존재한다.

K

→ Carbonation, 66쪽
→ Cask, 69쪽
→ Draft systems, 81쪽
→ Nitrogen, 162쪽

Keg 케그

EQUIPMENT

당신이 펍이나 바, 혹은 레스토랑에서 볼 수 있는 케그는 브루어리에서 이산화탄소를 주입하여 압력을 채워 넣은 가압 스테인리스(혹은 알루미늄) 용기이다. 케그 위쪽으로는 하나의 입구가 있으며 빨대처럼 공간이 비어있는 스피어spear가 연결되어 있다. 맥주가 온탭되면 가스(보통 과탄을 막기 위해 이산화탄소와 질소가 혼합되어 있다)가 케그 내부로 들어가게 되고, 그 압력으로 인해 맥주가 스피어 관을 통해 밑 부분에서 위로 올라가 케그 상단의 커플러coupler와 관을 통해 서빙된다. 맥주의 스타일에 따라 다르긴 하지만, 냉장 상태의 케그는 탭과 연결되면 몇 달 동안 유지될 수 있다. 이런 이유로 인해 브루어나 바의 주인은 보통 목재 캐스크 대신 스테인리스 케그를 선호하고 사용한다. 그러나 스테인리스는 중량이 무겁고 가격도 비싸다는 단점이 있다. 케그 속의 맥주가 모두 소진되면 세척과 재주입을 위해 브루어리나 케그 렌탈 업체로 돌려보낸다. 어떤 브루어리는 자신들의 브랜드를 케그 표면에 인쇄하는 반면에 어떤 브루어리는 색깔 있는 띠지를 두르기도 한다. 그러나 그럼에도 불구하고 케그를 훔쳐가는 일이 일어나고 있으며, 이는 브루어리의 걱정거리 중 하나이다.

→ Draft systems, 81쪽
→ Home-brew, 117쪽

Keggerator 케거레이터

EQUIPMENT

케그를 넣을 수 있도록 제작된 냉장고로 탭과 배관을 위한 구멍이 뚫려있다. 키저Keezers는 케거레이터의 대안 중 하나로 각각의 맥주를 위한 정확한 온도를 설정할 수 있는 온도조절장치가 달린 냉장고이다.

Kettle 케틀

EQUIPMENT

52쪽 Boil kettle 참조.

Keykeg 키케그

EQUIPMENT

→ Carbonation, 66쪽
→ Draft systems, 81쪽
→ Nitrogen, 162쪽

소형 브루어리들이 세척 설비나 전통적인 스테인리스 케그에 높은 비용을 투자할 필요 없이 쉽고 위생적으로 맥주를 주입할 수 있게 해주는 일회용 케그이다. 키케그는 무균 플라스틱 백이 담긴 단단한 플라스틱 압력 용기로 구성되어 있다. 서빙용 가스를 맥주가 담긴 용기 내로 밀어 넣어 서빙 라인을 따라 밖으로 나오게 하는 전통적인 케그와 달리, 키케그는 가스가 맥주를 담은 비닐 파우치와 단단한 케이스 사이의 빈 공간으로 들어간다. 가스가 맥주와 접촉하지 않기 때문에 산소를 포함한 모든 가압 가스를 사용할 수 있다. 일부 대규모 브루어리들도 빈 통의 회수 비용을 줄이고 물류상 골칫거리를 없애기 위해 현재 키케그를 수출용으로 사용하고 있다. 키케그의 모양이 로맨틱하지는 않을 것이다. 하지만 180년 된 벨기에의 트라피스트 브루어리를 방문한다면 수출용으로 쌓여있는 것을 볼 수 있을 것이다.

Kilning 건조

BREWING

발아된 곡물을 건조하여 성장을 멈추고 다양한 몰트 풍미를 향상시키는 과정. 양조에 사용되는 대부분의 맥아들은 비교적 낮은 온도에서 연하게 구워 내부에 존재하는 매우 중요한 효소들을 파괴하지 않도록 한다.

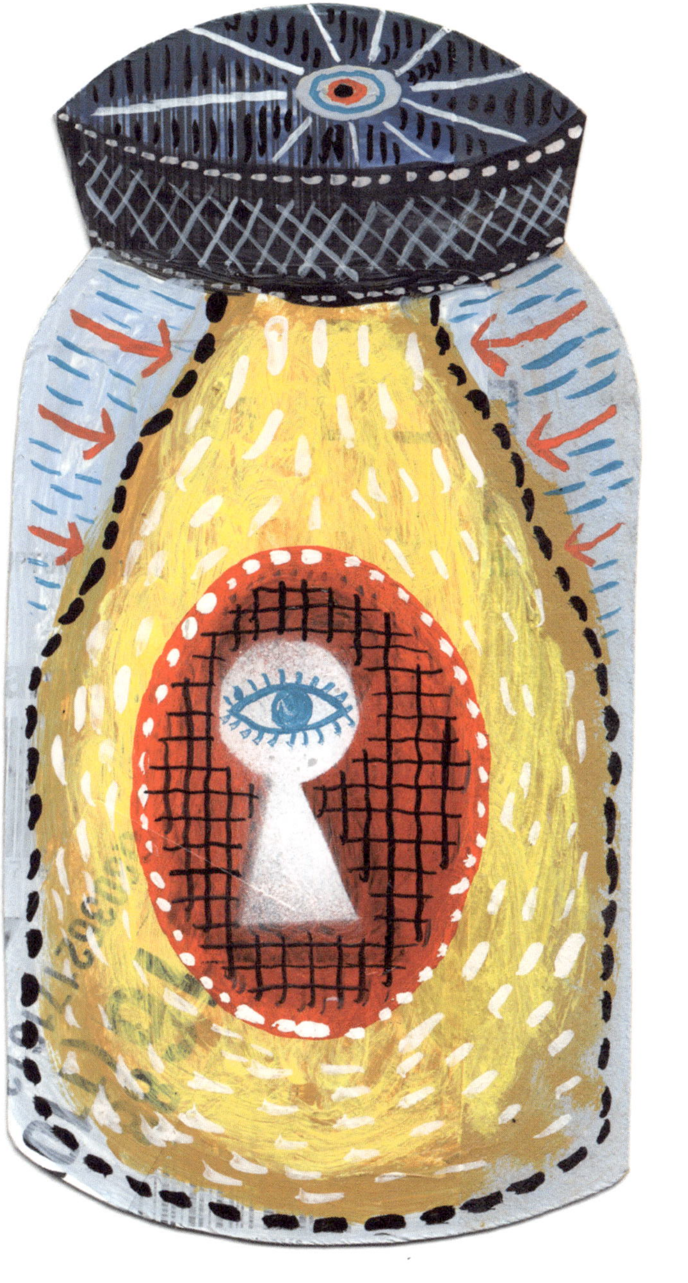

건조는 일반적으로 양조되는 맥주의 특성에 따라 여러 단계에 걸쳐 수행되며, 몰스터(maltsters, 몰트를 제조하는 전문인 – 역주)는 종종 자신들만의 독특한 방법을 가지고 있다. 건조를 위한 가마kiln는 비교적 단순한 그릇모양을 하고 있는데, 하단에 열원을 가지고 있다. 곡물을 담기 위한 여러 개의 트레이가 층층이 놓여 있어 공기가 그 사이를 순환할 수 있으며 상단에는 통풍구가 있다.

L

Lactobacillus 젖산균

SCIENCE

→ Off flavors, 165쪽
→ Sour, 211쪽

비교적 발효의 속도가 빠른 박테리아로 사우어 비어를 만들 때 당분을 젖산과 소량의 아세트산으로 변환시킨다. 많은 변종들이 있으며 각각 최적 발효 조건과 발생되는 풍미에서 약간씩 다른 특징을 가지고 있다. 락토바실러스는 케틀 사우어링*에 사용되는 가장 흔한 박테리아로서 일반적으로 톡 쏘는 요거트 같은 가볍고 깨끗한 시큼함을 준다. 어떤 브루어들은 요거트나 곡물과 같이 자연에 있는 물질에서 자신들만의 젖산균을 채취한다. 그러나 대부분 상업적으로 유통되는 액체나 냉동 건조 제품을 사용하는데, 이런 방법이 예측성과 일관성 측면에서 더 좋다.

* 케틀 사우어링kettle souring이란 발효조가 아닌 끓임조에 젖산균을 투입하여 젖산발효를 하는 방법으로, 양조시간이 단축되고 관리가 용이하여 크래프트 브루어리들이 많이 사용한다. – 역주

Lactose 유당

INGREDIENT

→ Body, 51쪽
→ Milk Stout, 156쪽
→ Porter, 177쪽
→ Stout, 219쪽

우유에서 추출한 이당disaccharide으로 흑맥주에 흔히 사용되며 특히 밀크 스타우트에 가장 많이 사용된다. 유당은 효모에 의해 발효되지 않기 때문에 맥주에 달콤함, 점성, 크림같은 마우스필을 부여한다. 온라인 숍과 홈브루 매장에서 고운 백색의 파우더 형태로 유통되며 양조 시 끓임조나 발효조에 첨가할 수 있다. 현대 양조에서 유당은 전통적으로 스타우트나 포터에 첨가되던 우유 대신 사용되곤 한다.

→ Esters, 86쪽
→ Noble hops, 162쪽
→ Yeast, 247쪽

Lager(definition 1) 라거(정의1)

STYLE

바이에른 지역과 주변 지역에서 유래한 전통적인 맥주 스타일로 깔끔하고 깨끗한 몰트 풍미와 절제된 노블 홉의 향, 수정같이 투명한 외관이 특징이다. 라거 맥주는 거의 대부분 사카로마이세스 파스토리아누스Saccharomyces pastorianus 종과 같은 하면발효 효모를 사용하여 만들어진다. 이 효모는 저온 발효와 저온 숙성을 하여 에스테르와 같은 발효부산물을 거의 만들어 내지 않는다. 이런 발효부산물은 보통 몰트와 홉의 풍미에 초점을 맞춘 맥주에서는 나오지 말아야 하는 것들이다. 많은 사람들의 기대와는 달리, 라거는 공격적인 몰티함과 맛깔나는 호피함을 통해 완전한 균형감을 보여준다. 사용되는 홉은 대부분 허브와 민트의 풍미를 가진 전통적인 독일의 노블 홉이다. 아마 기분에 따라 과일 풍미를 살짝 덧붙일 수도 있을 것이다. '라거'라는 이름은 독일어로 저장소나 창고라는 단어에서 유래한 것으로, 맥주를 몇 주 동안 매우 낮은 온도에서 라거링(Lagering, 후발효)하여 효모에게 잔류 폐기물을 먹어치울 기회를 준다. 이런 과정을 통해 맥주는 완벽하게 부드럽고 깨끗하게 된다. 최종맥주에는 발효로 인한 캐릭터가 아예 없거나 거의 없어야 한다. 라거는 필스너, 헬레스, 메르젠, 둔켈, 복, 라우흐비어와 같이 독특하고 놀라울 만큼 다양한 스타일을 가지고 있다.

→ Macro-brewing, 149쪽
→ Reinheitsgebot, 191쪽

Lager(definition 2) 라거(정의2)

STYLE

품질보다는 이익과 세계지배에 더 관심이 많은 회사들에 의해 양조된, 맛없고 대량 생산된 쓰레기로서, 맥주를 별로 좋아하지 않는 사람들을 겨냥해 만들어진 맥주를 일컫는다. 너무 무례한 일반화인가? 하지만 라거와 크래프트 맥주 운동이 서로 호의적인 관계가 아니라는 것은 분명하게 말할 수 있다. 사실 크래프트craft는 독립성, 지역성, 재료, 그리고 브루어 기술에 대

waste collection or recycled where
Amazon is always aware of

한 책임 등과 같은 것으로 스스로를 정의하지만, 또한 라거를 기반으로 한 악마와 같은 대형맥주회사에 대한 크래프트 선구자들의 반작용이기도 하다. 하지만 희망이 있을지도 모른다. 1980년대와 1990년대 크래프트 맥주 운동에서 격렬히 반대했던 것은 독일과 체코의 선조들의 업적과는 다른 미국 라거들, 특히 '라이트' 라거들이었다. 한꺼풀만 벗겨내면 독일 양조 전통에 대한 엄청난 존경심을 찾아낼 수 있다. 많은 미국의 브루어들은 만약 자신들이 이런 책임을 짊어져야 한다면 자신들의 IPA를 버리고 오로지 맥주순수령에 의한 독일 스타일의 맥주만을 만들 것이라고 이야기했다. 맥주 소비자들에게 대형맥주회사 라거들이 전 세계 맥주 전통에 끼친 해악을 용서하고 잊어야 한다고 설득하는 것은 큰 도전이다. 소비자들이 크리스피하고 깨끗한, 사랑스러운 하면발효맥주 세계를 다시 기억하게 해야 한다.

Lambic 람빅

STYLE

→ Lactobacillus, 141쪽
→ Pediococcus, 170쪽
→ Sour, 211쪽
→ Spontaneous fermentation, 215쪽
→ Wort, 244쪽
→ Yeast, wild, 249쪽

세계에서 가장 특이하고 경이로운 맥주 스타일 중 하나이다. 브뤼셀과 그 주변의 특정지역에서 양조된 맥주를 일컫는 말로 람빅이라는 이름은 샴페인이나 셰리주와 같이 원산지 보호를 받고 있다. 람빅은 고대의 자연발효 맥주 스타일로 신맛, 쿰쿰함, 과실향, 산미, 그리고 끝을 알 수 없는 복합적인 캐릭터를 가지고 있다. 순수한 양조 기술의 관점으로 봐도 람빅은 전체 매쉬 곡물량의 60~80%가 미발아 밀unmalted wheat로 되어 있기 때문에 이상한 맥주로 보인다. 이런 밀의 함유는 단백질이 매우 풍부한 맥즙을 만들어내는데, 그 속에 있는 원치 않는 성분을 제거하기 위해서는 수 시간 동안의 끓임과정이 필요하다. 홉은 수년간 묵어 향과 쓴맛이 사라진 것을 사용하는 것이 이상적이다. 왜냐하면 람빅에서 홉을 사용하는 주요 목적은 항균성에 있기 때문이다. 이 스타일에서 발효라는 것은 과학이 종교 이상의 어떤 것을 만나는 순간과 같다. 람빅은 자연발효를

통해 만들어진다. 전통적으로 자연발효는 인근 과수원에서 날아온 공기 중의 미생물에 맥즙을 노출시는 방법으로 이루어진다. 오늘날에도 람빅의 독특한 캐릭터를 만들어내는 미생물들의 구체적이고 근본적인 메커니즘은 여전히 미스터리로 남아 있다. 몇 년 전, 린데만스Lindemans가 자신들의 브루어리를 브뤼셀 외곽으로 확장했을 때 옛 브루어리의 한쪽 벽면을 떼어내어 새로운 브루어리에 붙인 것은 매우 유명한 일화이다. 무슨 마술인지는 모르나 그것이 실제로 함께 옮겨진 것은 사실이다. 젖산균이 맥즙 내에 있는 미량의 포도당을 처리한 후, 평범하고 익숙한 사카로마이세스 효모가 들어가 발효의 핵심적인 부분을 진행한다. 이후, 시간이 오래 걸리는 배럴 숙성을 통해 브레타노마이세스와 페디오코커스, 심지어 셰리 효모가 신맛을 더 농익게 하며 더 복합적인 향과 풍미를 맥주에 부여한다. 자연발효된 람빅 스타일의 사우어 비어는 어느 곳에서도 양조될 수 있지만 지역 미생물군과 연관된 특정 람빅은 맥주 세계에서 독특한 존재이다. 과일이 들어간 여러 종류의 람빅들은 비교적 현대적인 혁신의 결과물이다. 이런 스타일은 바bar에서 매우 인기가 있으며 흔히 볼 수 있다. 람빅에 첨가되는 과일로는 체리, 라즈베리, 복숭아, 까시스(cassis, 혹은 블랙커런트) 등이 있다.

Lauter 라우터(여과) BREWING

212쪽 Sparge 참조

Light strike 일광취 FAULT

→ Bottles, 55쪽
→ Macro-brewing, 149쪽
→ Off flavors, 165쪽

자외선, 특히 햇빛에 노출되었을 때 발생하는 이취. 홉에 함유되어 있는 이소알파산이 빛에 의해 파괴되고 자연적으로 맥주 안에 포함되어 있는 황과 반응하여 MBT라고 알려진 성분을 형성한다. MBT는 악취가 나는 화학물의 주요 성분으로 스컹크 방귀 냄새를 만들어낸다. 빛에 노출된 맥주를 '스컹키'하다고 하는데, 산패한 야채 혹은 썩은 계란 냄새와 같이 느껴진다. 갈색병은 자외선 차단 효과가 있지만 100% 차단하는 것은 아니며, 캔을 사용하는 것이 자외선을 차단하는 가장 좋은 방법이다. 투명한 녹색병은 자외선을 막는 데 전혀 효과가 없기 때문에 매우 빠르게 일광취를 만든다. 예외적으로 테트라 홉Tetrahop이라 불리는 전처리된 홉 추출물을 사용하면 일광취를 막을 수 있다. 테트라 홉은 휘발성 물질을 화학적으로 제거한 홉으로, 주로 상업적인 라거를 생산하는 대형 브루어리에서 사용한다.

→ Water, 235쪽

Liquor 양조용수

BREWING

양조할 때 사용하는 물의 정확한 용어. 무심코 '물'이라고 지칭한 실습생들은 벌금을 내고는 했다.

M

→ American Lager, 24쪽
→ Fake Craft, 89쪽
→ Selling out, 202쪽

Macro-brewing 대형 양조

BREWING

대규모 산업 양조. 대형 맥주회사의 브루어들은 그들만의 크래프트가 있다고 주장하지만 이 용어는 다채로운 소규모 맥주와는 다른, 주로 '값싸고' 품질이 낮은 대량생산 맥주에 사용된다. 세계를 지배한 다국적 맥주는 각 나라의 맥주 문화를 대부분 파괴할 정도로 위협적이었고 크래프트 맥주 운동의 탄생에 박차를 가하는 계기가 되었다. 많은 크래프트 맥주 애호가들이 대기업과 그들이 하는 모든 일에 본능적인 혐오감을 느끼는 이유이기도 하다.

→ Kilning, 138쪽
→ Malting, 150쪽

Maillard browning 마이야르 반응

SCIENCE

탄수화물 혹은 당과 질소물질(보통 단백질)을 습기가 있는 상태에서 함께 가열할 때 발생하는 광범위한 화학적 변화. 마이야르 반응을 통해 토스트가 갈색으로 변하는 이유가 설명되며 가열 정도에 따라 동일한 몰트에서 다양한 캐릭터들이 어떻게 나오는지를 알 수 있다. 실제 화학반응 과정은 이 책의 범위를 훨씬 벗어나지만, 기억해야 할 것은 몰트를 갈색으로 만드는 건조과정kilning은 다채롭고 미묘한 과정이라는 것이다. 건조과정은 거칠고 보잘 것 없는 보리 몰트에 마이야르 반응을 촉발하여 커피, 초콜렛, 건과일, 토피 등 다양한 향과 풍미를 만든다.

Maize 메이즈

INGREDIENT

75쪽 Corn 참조

Malt extract 몰트 추출물

INGREDIENT

→ Gravity, 107쪽
→ Home-brew, 117쪽
→ Malting, 150쪽
→ Wort, 244쪽

홈브루잉 경험이 있는 사람이라면 누구나 알 수 있는 재료. 몰트 추출물은 일반적으로 완전곡물보다 열등하다고 여겨지지만, 작업이 쉽고 매우 예측 가능한 결과를 만들어주는 장점이 있다. 특정한 환경에서, 높은 평가를 받는 몇몇의 국제적인 크래프트 브루어리들은 그들의 레시피들 몇 개에 몰트 추출물을 사용하곤 한다. 몰트 추출물의 생산은 표준 맥즙을 만드는 것에서 시작한다. 이 맥즙을 진공 상태에서 열을 가해 진하고 달콤한 시럽이 될 때까지 농축시킨다. 이 과정에서 멜라노이딘 색소가 부가적으로 생성되는데, 이는 추출물을 갈색으로 만들고 최종 맥주 색에도 영향을 끼친다. 따라서 몰트 추출물을 이용하여 만든 맥주는 완전곡물로 양조했을 때보다 항상 어두운 색을 띤다. 또한 몰트 추출물은 고농축의 비발효 덱스트린을 함유하고 있는데(농축과정에 감사를 표한다), 이는 매우 높은 비중으로 발효를 시작하고 끝낼 수 있음을 의미한다.

Malting 몰팅

BREWING

→ Barley, 34쪽
→ Color, 73쪽

곡물을 부분적으로 발아시켜 전분이 당으로 전환될 수 있도록 하는 과정. 몰팅 과정에서 곡물은 내부 수분 함량이 약 12%에서 40% 이상이 될 때까지 며칠 동안 물에 '침지' 시킨다. 흡수된 물은 내부에 존재하는 효소를 활성화시키고 이 효소들은 다시 전분을 보호하는 단백질과 탄수화물 장벽을 분해한다. 이후 곡물들은 습한 공기(이 과정에서 산소가 필요하다)가 통하는 방으로 옮겨지는데 생성된 잔뿌리가 서로 엉키는 것을 방지하기 위해 조심스럽게 보관된다. 발아가 계속된다는 것은 싹이 가장

중요한 전분을 소모시키고 있다는 것을 의미하며 발아가 완전히 이루어져 전분이 없는 곡물은 발효에 소용없게 된다. 따라서 몇 시간의 걸친 건조과정을 통해 그 과정을 멈추게 해야 된다. 모든 몰트의 풍미는 거의 이러한 건조과정의 온도와 시간에 따라 결정된다.

Malts, base 베이스 몰트

INGREDIENT

밝은 색으로 건조되며 양조에 사용되는 매쉬의 대부분을 차지하는 몰트. 심지어 포터나 스타우트 같이 아주 어두운 스타일의 맥주에도 똑같이 적용된다. 이는 베이스 몰트가 핵심적인 몰트 풍미와 발효에 필요한 당을 제공하기 때문이다. 베이스 몰트의 종류로는 필스너 몰트(pilsner malt, 가장 밝은 색이 가능함), 페일 에일 몰트, 비엔나 몰트(Vienna malt, 보통 앰버 맥주에 쓰임), 마일드 에일 몰트(mild ale malt, 전통적인 다크 잉글리시 에일을 위한 고전적인 베이스 몰트)가 있다.

Malts, color 컬러 몰트

INGREDIENT

더 짙게 구운 몰트를 말한다. 컬러 몰트는 베이스 몰트보다 더 짙은 색을 맥주에 부여하며 적은 비율로 첨가된다. 향이 좋은 짙은 색의 뮈닉 몰트는 갈색 맥주에 사용되고 달콤한 캐러멜 캐릭터를 최종 맥주에 부여한다. 앰버나 비스킷 몰트는 구운 토스트 같은 매우 특별한 풍미를 갖고 있다. 이에 반해 브라운 몰트가 가지고 있는 부드러운 로스팅 느낌은 포터를 더 완벽하게 만들어준다.

Malts, Crystal and Caramel

크리스탈, 캐러멜 몰트

INGREDIENT

다른 종류의 몰트와는 약간 다른 과정을 통해 만들어지기 때문에 독특한 캐릭터를 갖고 있다. 크리스탈 몰트는 젖은 몰트를 건조과정이 아닌, 상대적으로 낮은 온도에서 스튜처럼 뭉근히 끓여 내부의 당을 캐러멜화 하는 방법으로 제조된다. 이를 확인하기 위해 몰트를 입에 넣어 씹어보면 독특한 바삭함을 느낄 수 있으며 캐러멜, 태운 설탕, 심지어는 말린 과일의 풍미도 느낄 수 있다. 이 몰트의 색깔은 가열의 정도에 따라 매우 밝은 색부터 짙은 갈색까지 광범위하게 존재한다. 양조 중 아주 밝은 덱스트린 몰트는 맥주의 바디감과 거품 유지력을 높이기 위해 추가되며 더 짙은 크리스탈 몰트는 맛있는 초콜릿 향을 부여하기 위해 첨가된다. 크리스탈 몰트와 캐러멜 몰트 생산에는 많은 변수들이 존재하는데, 이로 인해 이례적으로 다양한 향과 풍미를 갖는 맥주가 만들어질 수도 있다.

Malts, Roasted 로스티드 몰트

INGREDIENT

→ Porter, 177쪽
→ Stout, 219쪽

맥주의 색을 더하고 초콜릿과 커피의 쓴맛과 같은 특정한 탑노트*를 주기 위해 보통 소량으로 사용된다. 로스티드 몰트는 짙은 갈색에서 완전한 검은색을 띤다. 하지만 색이 짙어질수록 향과 풍미는 점점 사라지게 된다. 풍미를 만들어내는 많은 화학성분들이 로스팅 온도와 시간이 늘어날수록 파괴되거나 사라지기 때문이다. 예를 들어, 초콜릿 몰트는 날카롭고 확실한 로스팅 캐릭터를 가지고 있는 데 반해 블랙 몰트는 훨씬 부드러운 초콜릿 맛을 가지고 있으며 이러한 풍미와 맛은 스타우트와 포터에서 종종 찾을 수 있다.

* top note. 상향이라고도 한다. 향을 휘발하는 속도에 따라 나누었을 때, 혼합한 향에서 가장 먼저 맡을 수 있는 것으로 향의 첫인상을 결정한다. 비교적 가벼운 화학성분으로 구성되어 휘발 속도가 가장 빠르므로 '처음 맡을 수 있는 향'이라는 뜻에서 퍼스트 노트first note, 헤드 노트head note라고도 한다. – 역주

Mash 매쉬

BREWING

→ Enzymes, 85쪽
→ Lauter, 146쪽
→ Liquor, 147쪽
→ Malting, 150쪽
→ Mash tun, 155쪽
→ Sparge, 212쪽
→ Stepped mash, 215쪽
→ Wort, 244쪽

분쇄된 곡물과 따뜻한 물이 섞여있는 빽빽한 죽과 같은 형태를 의미하며 모든 양조의 출발점이다. 매쉬는 단지 곡물의 수화hydrating 상태만을 의미하지 않는다. 즉, 이 단계에서도 실제 화학반응이 발생하며 작은 실수는 곧 양조과정 전체를 망칠 수

있다. 보리 몰트는 많은 효소를 가지고 있는데, 적합한 환경이 주어지면 이 효소들은 곡물의 전분(길게 연결된 탄수화물)을 발효성 당과 비발효성 덱스트린(더 짧은 탄수화물)으로 자른다. 각각의 효소들은 조금씩 다른 임무를 수행하며 다른 온도에서 활동한다. 63℃의 상대적으로 온도가 낮은 매쉬는 다량의 발효성 당을 만들어 효모의 사용에 따라 최종 맥주의 바디를 드라이하게 만들 수 있다. 반면, 더 온도가 높은 매쉬는 분자의 크기가 더 큰 비발효성 당을 만들어 단맛을 갖는 맥주를 만들 수 있다. 이와 같이 맥주에 서로 다른 효과를 내기 위해 매쉬의 온도를 조절할 수 있다. 당화는 일반적으로 한 시간 정도 걸리고 이후 여과와 스파징이 이어진다.

Mash tun 당화조

EQUIPMENT

곡물의 전분이 당으로 전환되는 매쉬를 만들기 위해 분쇄된 몰트(그리스트)와 물을 혼합하는 브루하우스 장비. 대부분의 당화조는 효소가 활동하는 최적의 온도를 유지하기 위한 온도조절 장치가 설치되어 있으며 단열벽으로 되어있다. 홈브루잉에서는 당화조가 65℃ 정도의 온도를 내내 일정하게 유지해야 하며, 더 복합적인 스타일이나 상업 브루어들은 당화의 정도에 따라 당화조의 온도를 변화시킬 수 있다. 대부분의 당화조는 그물망의 폴스 바텀false bottom을 가지고 있어 곡물 찌꺼기는 남기고 당이 가득한 맥즙을 밑으로 통과시킬 수 있다. 당화가 끝나면 뜨거운 물(보통75℃)을 곡물 위로 분사하여 남아있는 당분을 씻어낸다. 이런 과정을 '스파징'과 '여과'라고 한다. 당화를 진행하는 동안 적당한 매쉬의 농도를 유지하는 것은 브루어에게 매우 중요한 일이다. 만약 매쉬가 너무 빽빽해지면 자체 무게로 인해 당화조 밑으로 곡물층이 압착되기 때문에 물이 빠져나가는 것을 방해한다.

→ Enzymes, 85쪽
→ Grist, 108쪽
→ Lauter, 146쪽
→ Mash, 153쪽
→ Sparge, 212쪽
→ Stepped mash, 215쪽
→ Wort, 244쪽

→ Lactose, 141쪽
→ Stout, 219쪽

Milk Stout 밀크 스타우트

STYLE

20세기까지 스타우트는 본질적으로 육체노동자들과 약자(해산한 어머니들에게 공급되기도 했다)들을 위한 에너지/건강 음료로 판매되었고 때때로 영양분과 미네랄을 추가로 섭취하기 위해 우유를 섞기도 했다. 달콤한 풍미와 크리미한 마우스필을 위해 비발효성 유당을 강화한 밀크 스타우트는 이런 미심쩍은 트렌드에서 태어난 이상한 아이였다. 맥주창고 뒷켠에서 사라질 뻔한 다른 맥주들의 역사처럼 밀크 스타우트도 크래프트 맥주 운동(특히 미국의 브루어들에 의해)으로 인해 새 생명을 얻었다. 대표적으로 레프트 핸드 밀크 스타우트Left Hand Milk Stout와 영스 더블 초콜릿 스타우트Young's Double Chocolate Stout가 있다.

→ Liquor, 147쪽
→ Style, 220쪽
→ Water, 235쪽

Minerals 미네랄

SCIENCE

물은 항상 미네랄을 가지고 있으며 그 종류는 양조 지역에 따라 상당히 다양하다. 이러한 미네랄들은 브루어가 특별한 스타일을 만들고자 할 때 그 성공여부에 매우 큰 영향을 끼치기 때문에 특정한 물의 '조성'profile을 위해 종종 미네랄을 추가하기도 한다. 다음은 미네랄이 갖고 있는 특징들이다.

- 탄산칼슘, 또는 석회: 알칼리도를 높인다. 연수인 지역에서 어두운 맥주를 만들 때 매쉬에 첨가한다.
- 황산칼슘, 또는 석고: 산도를 높이고 물의 황산염을 낮추기 위해 칼슘을 첨가한다. 홉의 쓴맛을 더 뚜렷하게 해준다.
- 염화칼슘: 산도를 높이고 물에 염화물이 적으면 칼슘을 첨가한다.
- 황산마그네슘, 또는 사리염: 산도를 약간 높인다. 그러나 대부분 홉에 크리스피함을 더하기 위해 사용한다.
- 중탄산나트륨, 또는 베이킹소다: 알칼리도를 높인다.

브루어를 위해 세계 각 도시의 전형적인 물의 조성을 설명하고 다양한 스타일을 만들기 위해 첨가해야 하는 미네랄을 계산할 수 있는 여러 웹사이트가 존재한다.

→ Prohibition, 181쪽

Monopolies 독점권

BEER CULTURE

일반적으로 금주령 이후에 술의 판매를 제한하고 국민들의 올바른 음주습관을 정착시키기 위해 도입된 것으로, 여러 나라들은 여전히 시민들에게 판매하는 알코올에 대해 주정부 독점권을 가지고 있다. 덴마크를 제외한 북유럽 국가들이 가장 잘 알려진 예로, 각 국가는 자신들만의 독점 알코올 소매상을 통해 주류를 판매한다. 스웨덴의 시스템볼라게트Systembolaget, 핀란드의 알코Alko, 아이슬란드의 빈부드Vínbúð, 노르웨이의 빈모노폴레트Vinmonopolet가 그 예다. 캐나다 역시 앨버타를 제외한 모든 지역에 주정부가 소유하는 주류 판매 독점권을 가진 회사가 있다. 이러한 주정부 독점권은 알코올 중독 문제에 대처하기 위해 각 국가의 정부에 의해 공정하게 제정되었으며, 크래프트 맥주 운동에 있어서는 장단점을 모두 가지고 있다. 우선 단점으로, 브루어들은 강력한 주류 판매 독점회사를 신경 쓰면서(누가 튀겨먹을 큰 물고기를 가지고 있는지), 동시에 레스토랑과 바의 매출도 올려야 한다는 것이다. 장점으로는, 보통 독점 주류 소매처들은 고객의 요구의 응해야 할 의무가 있기 때문에 다양한 술을 보유하려는 경향이 있다는 것이다. 만약 브루어가 이들의 관심을 받는다면 분명 주문이 지속될 수 있을 것이다.

→ Body, 51쪽
→ Carbonation, 66쪽

Mouthfeel 마우스필

TASTING

바디감과 비슷하지만 맥주가 입에 있을 때 느껴지는, 조금 더 주관적이고 문자 그대로 물리적인 감각이다. 탄산감은 마우스필 중 대표적인 감각이다. 맥주의 거품이 얼마나 활발하게 올라오는지, 거품의 크기가 큰지 작은지, 거품으로 인해 혀와 입

천장이 얼마나 날카롭게 느껴지는지가 모두 탄산감을 평가하는 요소들이다. 바디감 역시 마우스필의 또 다른 중요한 감각이다. 맥주가 입속에서 꽉 찬 느낌을 주는지, 무겁고 끈적거리거나 아니면 가볍고 얇은 느낌을 주는지가 바디감을 평가하는 요소들이다. 뒷맛aftertaste은 종종 마우스필에서 하찮게 넘어가고는 하지만 다른 감각들과 똑같이 중요하다. 맥주로부터 입안이 코팅된 것 같은 느낌이나 드라이한 쓴맛 또는 끈적거리거나 느끼함을 받았는가? 펍이나 바에서 마우스필을 이야기하면 약간 거만하게 들릴 수도 있지만, 맥주 테이스팅에 진지한 사람들에게는 향과 풍미만큼 중요하다.

N

→ American IPA, 24쪽
→ Haze, 114쪽
→ IPA, 132쪽
→ Pale Ale, 169쪽

NEIPA 뉴잉글랜드 IPA

STYLE

뉴잉글랜드 IPA New England IPA라는 용어를 선호하든, 아니면 노스이스트 IPA North East IPA라는 용어를 선호하든, 결국 같은 맥주를 이야기하고 있는 것이다. 미국 북동부에서 시작한, 불투명하고 과일향이 짙으며 향이 강하지만 쓰지 않은, 알코올 도수가 높은 페일 에일을 의미한다. 가장 주목할 만한 브루어리로는 알케미스트 The Alchemist, 트릴리움 브루잉 Trillium Brewing Company, 트리하우스 브루잉 Treehouse Brewing Company이 있다. NEIPA는 종종 스톤 Stone과 밸러스트 포인트 Ballast Point처럼 크리스피하고 호피한 웨스트코스트 IPA West coast IPA와 대조되어 정의되며 크래프트 맥주 세계를 성공적으로 두 부류로 나누었다. 한 부류는 NEIPA를 고루한 생각에 도전하는 대담한 시도로서 기존의 틀을 깨는 스타일이라고 생각하지만, 다른 한쪽의 사람들은 단순히 잘못된 양조의 결과물로 여기고 있다.

→ Hops, 123쪽
→ Hops, aroma, 124쪽
→ Hops, bittering, 124쪽
→ Noble hops, 162쪽

New world hops 신세계 홉

INGREDIENT

엄격하게 정의된 카테고리라기보다 '구세계' Old world의 노블 홉과 그들의 유럽쪽 자손(아마 와인에서 구세계와 신세계로 구분하는 개념을 빌려온 듯하다)과 구별 짓는 방식에 가깝다. 미국과 호주 그리고 뉴질랜드 홉의 품종들은 모두 이 신세계 홉이라는 바구니에 담을 수 있는데 높은 알파산 함량과 종종 시트러스, 망고, 파인애플, 그리고 다른 쥬시한 과일의 강한 향으로 특징지어진다. 신세계 홉의 사용은 크래프트 맥주 운동의 상징적인 부분이다. 혹은 적어도 크래프트 운동 초창기에는 그러했다.

→ Draft systems, 81쪽

Nitrogen 질소

SCIENCE

스타우트와 같은 맥주들, 특히 기네스Guinness가 가장 유명한 스타우트는 부드러운 탄산감과 마치 캐스크 에일과 같은 크리미한 마우스필을 위해 드래프트 시스템에 질소를 적용한다. 이 기술을 구현하려면 바에 특별한 탭을 설치해야 하고 이산화탄소와 질소가 25대 75로 섞인 혼합가스통이 필요하다. 질소 푸어링nitro pouring이 필요한 맥주들은 브루어리를 떠날 때 정상적인 이산화탄소 양보다 약 절반 정도의 양을 갖도록 양조된다. 탄산이 꽉 찬 맥주에 질소를 주입하면 엄청난 거품이 발생한다. 이산화탄소는 물에 쉽게 용해되지만 질소는 그렇지 않다. 따라서 질소는 맥주를 따르면 이내 용액에서 쉽게 빠져나와 특유의 크리미한 거품과 기네스를 마시는 사람들이 사랑해 마지않는 작은 거품폭포를 만들어 낸다. 크래프트 맥주 씬에서는 질소를 주입한 스타우트를 보통 '나이트로 스타우트'nitro-stout라고 부른다.

→ Britain, 60쪽
→ Germany, 103쪽
→ Hops, 123쪽

Noble hops 노블 홉

INGREDIENT

라거, 필스너, 둔켈, 메르첸뿐만 아니라 영국 에일에 사용되는 4가지 홉 패밀리, 할러타우Hallertau, 사츠Saaz, 스팔트Spalt, 테트낭Tettnang을 일컫는다. 상대적으로 쓴맛이 적고 향 성분이 많은 것이 특징이다. 특히 노블 홉과 관련된 향은 소나무, 허브, 풀, 민트, 향신료, 후추, 꽃, 일종의 흙과 같은 향 등이 있다. 일반적으로 노블 홉에는 신세계 홉의 특징인 과일향이 부족하다. 일반적인 영국의 노블 홉 후손들로는 퍼글Fuggles과 골딩Goldings이 있다.

O

→ Adjunct, 18쪽
→ Body, 51쪽
→ Grist, 108쪽
→ Mouthfeel, 158쪽
→ Off flavors, 165쪽
→ Sparge, 212쪽
→ Wort, 244쪽

Oats 귀리

INGREDIENT

귀리에는 바디감이 꽉 찬 맥주에서나 느낄 수 있는 크리미하고 매우 부드러운 마우스필을 만드는 항산화 성분, 단백질, 지방, 수지, 비타민 등이 풍부하게 들어있다. 따라서 귀리는 스타우트나 무거운 바디를 가진 맥주에 사용하기 적합하다. 베타글루칸은 점도를 높여 마우스필을 좋게 만들 수 있지만, 오트밀 스타우트에 비해 스파징이 최대 2배까지 걸릴 수 있다. 귀리의 항산화 성분은 숙성과 관련된 몇 가지 문제로부터 맥주를 보호하며, 지질lipid은 이취인 황sulfur을 흡수하는 것으로 알려져 있다. 귀리가 그리스트에 포함되면 지방으로 인해 헤드 유지력이 나빠진다고 알려져 있으나 이는 귀리에 많이 함유된 저용해성 질소성분이 맥즙으로 들어가 생기는 문제로 보인다. 100% 귀리만으로 맥주를 만드는 것이 실험적으로는 가능하나 이런 귀리 100% 맥주는 베리와 요거트, 버터스카치 냄새를 갖는다. 또한 귀리의 높은 단백질과 지방 함량은 양조를 매우 어렵게 만들기 때문에 보통 전체 그리스트의 5~10% 정도를 넣는다.

→ Cicerone, 69쪽
→ Diacetyl, 77쪽
→ DMS, 78쪽
→ Esters, 86쪽
→ Light strike, 146쪽
→ Oxidation, 168쪽
→ Sour, 211쪽

Off flavors 이취

FAULT

양조상의 결함을 나타내는 향과 풍미. 실수로 생긴 박테리아 감염에서 불행한unhappy 효모에 이르기까지 맥주 한 잔을 망칠 수 있는 것들은 정말 정말 많은데, 이 모든 것들이 완성된 맥주에 독특하고 숨길 수 없는 흔적을 남긴다. 이런 이취들은 매우 특별한 경우를 제외하고는(보통 특정 스타일에서 요구되는 것일 수도 있다) 맥주에 절대 허용되지 않는다. 시서론과 같은 대부분의 전문 맥주 훈련 프로그램에는 이취를 판별하는 감각 테스트가 있으며, 응시자들은 이취와 유사한 화학성분을 '섞은' 맥주를 마시면서 이를 구별한다. 이취 감별은 매우 중요하게 여겨지는 기술이다.

→ Festivals, 92쪽
→ Germany, 103쪽
→ Lager (definition 1), 142쪽

Oktoberfest 옥토버페스트 BEER CULTURE

지역적인 경계를 넘어 세계 각지에 유사품을 낳은 맥주축제(일반적으로는 독일 바이에른, 즉 바바리안 문화)로, 매년 열린다. 옛말로 오이데 비즌Oide Wiesn이라고 하는 옥토버페스트는 1810년으로 거슬러 올라간다. 바바리안의 왕인 루드비히 1세와 작센-힐드부르크하우젠의 테레사 공주의 결혼 축하연으로 시작되었으나 이후 매년 약 6백만 명의 사람들이 즐기는 축제로 바뀌었다. 옥토버페스트와 다른 유명 맥주축제가 구별되는 몇 가지 특징이 있다. 첫째, 선택할 수 있는 맥주가 부족하다는 것이다. 축제맥주Festbier만 선택할 수 있으며, 보통 이것밖에 없다. 둘째, 그 맥주가 마스maß 혹은 mass라고 알려진 1리터짜리 대형 유리 머그잔에 제공된다는 점이다. 마스는 많은 사람들에게 '스테인'Stein이라고 잘못 알려져 있는데, 스테인은 전통적으로 독일의 석기stoneware로 만든 큰 잔을 말하며, 유리로 만든 잔과는 다르다. 세 번째, 다른 축제와 구별되는 가장 독특한 부분으로 옥토버페스트에 참석하는 대부분의 사람들이 바바리안 전통의상을 입는다는 것이다. 남자들의 의상은 레더호젠Lederhosen,* 여자들의 의상은 던들Dirndl**이라고 부른다. 마지막으로 바바리안 옴파oom-pah 브라스 밴드를 들 수 있다. 이 밴드들은 축제 내내 음악을 연주하며 보통 인기 있는 현대음악과 전통적인 권주가를 섞는다(일어서서 마스 한 잔을 들이키고 있는데 권주가가 끝나버린다면 그건 분명 재앙일 것이다).***

* 티롤 지방의 민속의상으로 자수가 들어간 멜빵을 단, 무릎까지 오는 가죽바지 – 역주

** 오스트리아, 바이에른 등 알프스 산간지방의 여성용 민속의상 – 역주

*** 옥토버페스트에서 일어서서 맥주를 마신다는 의미는 1리터짜리 마스 한 잔을 한 번에 먹는다는 의미이다. 음악이 끝나기 전 한 잔을 다 못 마시면 주위 사람들에게 휴지 세례를 받을 것이다.

→ Off flavors, 165쪽

Oxidation 산화취

FAULT

양조 전에 맥주의 재료가 산소에 노출되거나 혹은 양조 후 맥주 자체가 산소와 만나 발생하는 화학적 작용. 요란 떠는 것이 아니라 산화는 맥주 최고의 강적으로 모든 이취들 중 우두머리를 담당하고 있다.

- 오래된 젖은 종이나 마분지 냄새: 종종 지나치게 오래 끓인 맥주, 오래된 맥주(의도적으로 숙성한 맥주와는 반대로), 심지어 너무 오랫동안 오픈되어 있는 맥주에서 발견된다. 만약 어젯밤 남긴 맥주를 다음날 마신다면 이 냄새를 알아챌 것이다.
- 가죽, 담배: 이 산화취는 몰트 조성물의 산화로 인해 발생하며 꽤 독특하다. 신선한 맥주에서는 당연히 나면 안 되지만, 일부 숙성 맥주에서는 재미있는 부가적인 캐릭터를 줄 수 있다.
- 꿀, 밀랍: 허니 비어honey beer에는 훌륭하지만(허니 비어에서 꿀맛이 날 땐 버리지 말 것), 그 밖의 모든 경우에서는 산화와 오래됨의 확실한 징후이다. 특히 라거와 필스너에서는 더욱 그렇다.

P

→ ABV, 17쪽
→ Adjunct, 18쪽
→ American IPA, 24쪽
→ Bitterness, 50쪽
→ IPA, 132쪽

Pale Ale 페일 에일

STYLE

크래프트 맥주 씬에서 페일 에일은 그 자체로 하나의 스타일이 되었으며 대개 알코올 도수가 강하고 호피hoppy한 에일과 연관되어 있다. 하지만 본래 페일 에일은 전통적으로 IPA와 다양한 잉글리시 비터English Bitter와 같은 맥주들을 아우른다. 잉글리시 비터는 일반적으로 알코올 도수에 따라 '오디너리'Ordinary, '베스트'Best, '스페셜'Special, '엑스트라 스페셜'Extra special이라는 접두사가 붙는다. 페일 에일과 IPA(적어도 전통적인 잉글리시 페일 에일과 IPA는 미국 것들과는 대척점에 있다)는 알코올 도수와 쓴맛이 높다는 것을 제외하면 잉글리시 비터와 거의 차이가 없다. 버튼 온 트렌트Burton upon Trent는 잉글리시 페일 에일의 정신적 고향이다. 왜냐하면 이 지역의 물은 페일 에일을 양조하는 데 완벽한 미네랄 조성을 갖고 있기 때문이다. 잉글리시 페일 에일은 크리스피하며 견과류의 풍미를 가지고 있는 페일 에일 몰트를 기본으로 만들어지며 좋은 헤드 유지력과 마우스필을 위해 종종 보리 플레이크barley flake와 밀을 부재료로 첨가하기도 한다.

→ Fermentation, 89쪽
→ Sanitization, 197쪽
→ Yeast, 247쪽

Pasteur, Louis 루이 파스퇴르

SCIENCE

미생물학자이자 화학자인 루이 파스퇴르는 의심할 바 없이 양조 역사상 가장 위대한 영웅 중 하나이다. 그는 자신의 이름을 딴 살균 과정(파스퇴리제이션, pasteurization)을 만드는 데 공헌

했을 뿐만 아니라 발효에서 효모의 역할에 대한 우리의 이해를 크게 발전시켰다. 또한 젖산 형성이 각기 다른 미생물의 결과라는 것을 정확하게 밝혀냈다. 이를 통해 우리는 근본적으로 과정을 통제할 수 있는 현대적인 양조로 나아갈 수 있었다. 파스퇴르의 발효에 대한 관심은 1856년에 시작되었다. 지역 와인생산자(이 사람의 아들은 릴 대학교의 교수로 재직하던 시절 파스퇴르의 제자였다)가 자신의 와인이 시큼하게 만들어지는 문제에 대해 조언을 구한 것이 계기였다. 그 후 수년 동안 파스퇴르는 실험을 통해 효모가 부패가 아닌 발효를 일으키고, 다른 미생물의 오염과 성장이 부패의 원인이라는 것을 증명했다. 이러한 지식을 바탕으로 그는 액체를 60~100℃까지 가열하여 기존에 존재했던 병균을 모두 죽일 수 있는 살균 과정을 만들어냈다. 알코올 생산에 대한 이 연구를 통해 파스퇴르는 마침내 미생물 감염이 많은 인간 질병의 원인이 될 수 있다는 이론을 세웠으며, 2년 후인 1867년 조셉 리스터Joseph Lister는 이 아이디어를 가지고 살균 수술 과정을 제안했다. 따라서 진정한 의미에서 양조가 모든 현대 의학의 초석이라고 할 수 있다. 아마도!

Pediococcus 페디오코커스

SCIENCE

젖산과 다이아세틸을 만드는 식물과 과일에서 발견되는 박테리아. 람빅과 괴즈의 풍미에서는 매우 중요한 부분이지만, 일반적인 상업 브루어 입장에서는 큰 골칫거리로 간주되는데 이는 오염을 막기 위해 엄청난 살균과 세척을 해야 하기 때문이다. 페디오코커스는 맥주에 '끈적거림'을 만드는 가장 일반적인 원인이며('sick beer'라고도 한다) 극단적인 환경에서는 젤라틴을 형성해 밧줄과 같은 모양을 만들기도 한다. 보통 시간이 지나면 녹지만 그럼에도 불구하고 역겹다.

→ Flanders Red/Brown, 96쪽
→ Gueuze, 111쪽
→ Lambic, 145쪽
→ Off flavors, 165쪽
→ Sour, 211쪽

1
2
3
4
5
6
7
8
9
10
11
12
13
14

→ Fermentation, 89쪽
→ Mash, 153쪽
→ Minerals, 156쪽
→ Water, 235쪽
→ Wort, 244쪽
→ Yeast, 247쪽

PH

SCIENCE

용액의 산성 또는 알칼리성을 측정하는 척도로, 0(강산성)부터 14(강알칼리성)까지의 범위를 가지고 있다. 7은 중성을 의미한다. 물의 pH는 각각의 양조 단계와 최종 맥주에 매우 중요한 영향을 미친다. 당화Mashing에서 물의 pH는 5.2에서 5.5 사이여야 한다. 왜냐하면 당화에 핵심적인 역할을 하는 알파 아밀라아제와 베타 아밀라아제가 이 범위 밖에서는 활동하지 않으며 극단적인 산성이나 알카리성에서는 아예 파괴되어버리기 때문이다. 맥즙의 pH는 단백질 응집을 위한 적합한 조건을 만드는 데 중요한 역할을 하며 발효 시 효모의 건강과 활동에 큰 영향을 미친다. 맥주의 최종 pH는 보통 4~5 사이지만 사우어비어에서는 더 낮을 수 있다. 브루어들은 특정한 미네랄을 첨가하여 pH를 변화시키기도 한다.

→ Aroma, 28쪽
→ Esters, 86쪽
→ Fermentation, 89쪽
→ Off flavors, 165쪽

Phenols 페놀

SCIENCE

많은 맥주에서 발견되는 화학적 조성물로 에스테르처럼 다양한 원인으로 발생하며 농도와 맥주 스타일에 따라 선이 될 수도 있고 악이 될 수도 있다. 사람들이 '페놀' 맛이 난다고 할 때, 보통 휘발성 페놀향의 존재를 알아차린다. 아주 적은 양에도 아픈 손가락처럼 확연히 두드러지며, 정향, 병원냄새, 혹은 훈연향 등으로 나타난다. 때때로 페놀은 양조수나 몰트에 존재한다. 라우흐비어 같은 훈연맥주에서 훈연몰트smoked malt로부터 나오는 페놀의 싸한 느낌은 명백히 이 스타일의 종합적인 향미 중 하나로 평가된다. 수처리에 사용되는 염소가 제거되지 않았을 때 또한 많은 페놀이 발생하는데 소독제나 요오드와 같은 느낌을 준다. 때때로 페놀은 효모에 의해서 만들어지는 정향과 같은 느낌을 내기도 한다. 독일 밀맥주나 많은 벨기에 에일에서 이와 비슷한 향과 풍미를 쉽게 느낄 수 있다. 이 스타일의 맥주를 양조하는 브루어들은 발효하는 동안 적극적으로 이 페놀향을 늘리려 한다.

Pilot brewing 시험양조

BEER CULTURE

→ Brewhouse, 59쪽

브루어리가 일정 규모에 도달하면 새로운 스타일과 재료를 실험하는 것이 까다로워질 수 있다. 메인 상품을 위한 용량이 기본적으로 필요하기도 하고, 만약 새로운 실험이 실패했을 경우 잘못 만들어진 맥주로 인해 생기는 일을 감당하기에 브루어리의 크기가 적합하지 않을 수 있기 때문이다. 이런 문제를 해결하기 위해 많은 브루어리들은 '시험양조' 장비pilot kit를 가지고 있다. 이 장비는 상업용 장비를 아주 작게 축소한 것으로 전문 홈브루어가 차고에 가지고 있는 장비들과 거의 동등한 수준인 경우도 있다. 많은 크래프트 브루어들이 한때 홈브루어였기 때문에 시험양조 장비는 초창기에 자신들의 기술을 갈고 닦을 때 사용했던 장비들과 꽤 비슷하다. 만약 당신이 브루어리 구석에서 외발수레 위에 있는 이상하고 뒤죽박죽 쳐 박힌, 성긴 용접과 닥트 테이프로 만든 양조용기를 발견한다면, 그것은 아마 어떤 브루어의 사랑을 받았던 시험양조 장비일 가능성이 크다.

Pilsner 필스너

STYLE

라거 패밀리의 멤버로서 맥주 스타일의 하나인 필스너는 1842년 체코의 플젠 마을에서 시작되었고 곧 전 세계에 모방품들을 양산했다. 좋게 말하면 필스너는 신선하고 스파이시한 사츠 홉Saaz hops의 그림자에 많은 양의 캐러멜 몰트 풍미를 가지고 있는 훌륭한 맥주다. 그러나 안 좋게 말하면 필스너는 홉의 측면에서 꽤 평면적인 모습을 가지고 있는 맥주다. 독일 브루어들은 이 스타일을 조금 늦게 채택하고 약간 수정했다. 따라서 독일의 필스너는 조금 더 드라이하고 허브향이 강하며 노골적으로 홉의 쓴맛을 가지고 있다.

→ Malts, color, 152쪽
→ Stout, 219쪽

Porter 포터

STYLE

누구도 포터가 정확히 무엇인지, 언제 어디서 발명되었는지 언급하려 하지 않는다는 것(특히 사전에서)은 불편한 진실이다. 그리고 나 역시 여기서 이를 논하고 싶지는 않다. 우리가 확신을 갖고 말할 수 있는 것은 포터가 브라운 에일의 종류와는 상관없이 독립적으로 발달해 왔다는 것이며 물건을 나르는 노동자들 사이에서 인기 있었던 어둡고(분명 까맣진 않다) 견과류 풍미가 있는 맥주였다는 것이다. 포터porter라는 이름도 이 맥주를 좋아했던 항만 노동자porter에서 유래했다. 처음에 포터는 짙게 구운 '브라운' 몰트를 주로 사용하여 양조되었을 것이다. 브라운 몰트는 맥주에 풍부하고 짙은 몰트 풍미와 무거운 바디를 부여한다. 그러나 브루어들은 곧 이것이 매우 비효율적인 양조 방식이라는 것을 깨달았다. 왜냐하면 이 몰트들은 맛은 있지만 매우 적은 발효성 당을 제공하기 때문이었다. 19세기 초반부터 포터는 수율이 매우 좋은 페일 베이스 몰트pale base malt로 양조되기 시작하였고 짙은 갈색을 내기 위해 브루어들은 끔찍할지라도 손에 넣을 수 있는 모든 첨가제를 사용했다. 다행히도 이 유감스러운 상황은 적은 양으로도 깊은 검은색을 내고 초콜릿과 커피 캐릭터를 만들어주는 로스팅 몰트의 발견으로 인해 15년 뒤에 사라지게 되었다. 현대적인 포터는 로스티드 몰트의 향과 풍미를 풍성하게 가지고 있고 홉의 쓴맛은 강하지만 홉향은 강조되지 않는 스타일이다. 그리고 중간 정도의 바디와 마우스필을 가지고 있다.

→ Draft systems, 81쪽
→ Glassware, 103쪽
→ Head, 117쪽

Pouring 푸어링

DRINKING

집이나 술집에서 맥주를 큰 파인트로 서빙하는 것은 맥주 애호가들 사이에서 당연한 일이 되었다. 최근에 나온 훌륭한 캔맥주를 잔에 따를 때, 당신이 친구에게서 가장 듣기 싫은 말은 "내가 남아있는 맥주 한모금을 마셔도 될까?"라는 소리일 것이다. 그러나 너무 높지도 약하지도 않은 단단한 헤드head를 만드는 방법에 대해서는 다소 논쟁거리가 있다. 만약 집에서 혼자 맥주를 마신다면, 맥주를 밑에서부터 천천히 따라 많은 거품을 만들고, 잔이 가득 찰 때까지 계속해서 맥주를 따르는 것이 최상의 방법일 것이다. 이런 방법은 더 두껍고 크리미한 거품을 만들어낸다. 하지만 친구들과 있을 때 이런 방법으로 맥주를 따른다면, 친구들이 싫증낼 것은 뻔한 일이다. 아마 그런 지루하고 참을 수 없는 짓은 그만두고 빌어먹을 맥주를 그냥 따르라고 부드럽게 이야기할 것이다. 이런 경우를 대비해 맥주를 한 번에 잘 따르는 기술을 배우고 싶은 사람들이 있을 것이다. 펍이나 바에서 하는 푸어링 기술 같은 것 말이다. 이런 사람들을 위해 지금 그 기술을 알려주겠다. 유리잔을 45도로 비스듬히 세우고 맥주를 잔의 약 2/3까지 계속 따라준다. 그러고 나서 마지막 1/3은 거품이 형성되도록 잔을 곧게 든 채 남은 맥주를 따라주면 된다.

Progressive Beer Duty 맥주세금 경감제도

BEER CULTURE

소규모 맥주회사의 성장을 장려하기 위한 세금 경감제도. 이 아이디어는 바이에른에서 유래되었으며 이후 유럽연합에 의해 회원국들에게 선택적으로 채택되었다. 국가에 따라 조금씩 다른 방식으로 시행되고 있지만, 일반적으로 생산량 증가에 따라 연간 최대 50%까지 의무적으로 세금을 할인받게 되며 이후 생산량 증가추세에 따라 단계적으로 할인율을 낮추게 된다. 일부 국가에서 이 정책은 크래프트 맥주 발달에 중요한 역할을 했다. 그러나 다른 한편으로는 이 제도로 인해 브루어리들이 일정 규모 이상으로 성장하는 것이 매우 어려워졌고, 중소형 맥주회사들 간의 인수합병을 막고 있다는 비판도 있다.

→ Monopolies, 158쪽

Prohibition 금주령

BEER CULTURE

많은 사회들이 한 번쯤은 국민 건강과 종교적 교리 또는 도덕적인 이유로 술의 생산, 판매, 소비를 금지하거나 적어도 줄이려는 시도를 해왔다. 여전히 같은 생각을 갖고 있는 정권들은 존재하지만 대부분 이런 시도는 실패하거나 술에 대한 의지가 확고한 사람들에 의해 무너질 수밖에 없다. 가장 유명한 금주령은 1919년 미국에서 진행된 '고귀한 실험'Noble Experiment이다. 약품 제조 허가를 받지 않은 사람들은 알코올의 제조, 유통, 판매를 할 수 없었고 모두 불법으로 취급되었다. 이 금지령은 산업혁명의 여파인 범죄, 알코올 중독, 그리고 다른 많은 사회적 병폐가 급증했던 혼란스러운 시기에 제정되었다. 분명 좋은 의도였지만, 금주령은 완전히 실패하였고 오히려 수익성 좋은 알코올 산업을 법을 준수하고 세금을 내는 사업주 손에서 밀주 제조와 밀수를 새로운 수익으로 삼은 범죄조직에게 넘겨주게 되었다. 프랭클린 루스벨트가 금주령 폐지를 약속하며 대통령에 당선되었을 때 그는 미국 역사상 가장 압도적인 득표를 기록하였고 1933년 '고귀한 실험'은 폐기되었다.

→ Taproom, 223쪽

Pub 펍

DRINKING

펍pub, 태번tavern, 여관inn은 서양 사회 역사의 토대로서 수많은 나라에서 뿌리를 내렸으며 지역 커뮤니티, 중요한 사회적 공간, 심지어 비즈니스와 교역의 중심이었다. 20세기까지만 해도 노동계급과 중하류계급이 펍에 가는 것이 일과 가정 외에 즐길 수 있는 거의 유일한 활동이었다. 산업혁명 기간 동안 여관은 경제성장을 촉진하는 사람과 돈 그리고 재화의 전달자 역할을 하였다. 이곳은 또한 정치운동이 활기를 띠는 장소였고, 이례적으로 성공한 모든 혁명들은 주점 바닥의 맥주를 잔뜩 머금은 톱밥 위에서 불씨를 피웠다. 그러나 펍은 단순히 노동자와 예비 급진주의자들이 휴식을 취하기 위해 찾는 장소만은 아니었다. 많은 장인들artisan workers에게 펍은 지나가는 상인을 만나거나 단골 고객들과 관계를 맺을 수 있는 기회를 잡기 위한 거실이자 시장이었다. 변호사들은 비밀유지를 위해 작고 사적인 공간인 작은방snug에 사무실을 차렸을지도 모른다. 이 작은 방은 많은 사람들이 북적이는 바bar를 원하지 않는 사람들, 예를 들어 비번인 경찰이나 지역 교구의 목사님이 몰래 셰리주 한 잔을 마시기 위해서 사용되기도 했다. 또한 전통적인 펍은 닭싸움부터 구스베리 쇼(gooseberry show, 수확한 구스베리의 중량을 재는 대회 – 역주), 소녀들의 춤과 간이 볼링대회, 펍 퀴즈, 공포를 유발하는 가라오케의 밤까지, 시대를 막론하고 인기 있는 레크리에이션들을 진행해왔다. 21세기 펍 비즈니스는 음식 중심의 가스트로 펍gastropub부터 미국에서 인기 있는 캐주얼 바casual bar에 이르기까지 많은 현대적인 진화와 변화를 겪었지만 결코 사라지지 않았다. 일부 국가에서는 펍들이 급속도로 문을 닫으면서 마치 존재감을 잃은 것처럼 보일 수도 있다. 하지만 마이크로 펍micropub과 브루어리 탭룸brewery taproom의 증가는 펍들이 자기 자신을 재발견 — 심지어 재발명 — 할 수 있다는 것을 증명한다. 어떤 펍들은 지역 서비스가 중단된 곳에 만들어져 우체국, 농부의 가게, 임시 도서관으로 활발하게 운영되고 있다. 이런 곳은 지역에서 인터넷 연결이 괜찮은 유일한 곳이기도 하다. 이러한 농촌 지역은 여전히 머리 위의 친숙한 지붕과 맥주 한 잔의 안락함을 찾는 단골들의 모임을 발견할 수 있는 특별한 곳이기도 하다.

Pumpkin Ale 펌킨 에일

STYLE

→ Boil, 51쪽
→ Mash, 153쪽
→ Festive Ale, 95쪽

크래프트 맥주가 대차대조표상 인류 행복과 아름다움에 공헌한 '자본'이라면 펌킨 에일의 탄생은 확실히 '부채'로 기입할 수 있다. 미국에서 가장 먼저 시작된 이 가을 맥주는 구운 호박을 사용하여 맥주에 풍미와 발효성 당을 더해준다. 보통 끓임단계에 넣거나 종종 당화단계에 넣지만 이는 여전히 논쟁거리이다.

51
HORSEMAN

호박에서 나오는 채소의 단맛이 미묘하고 섬세한 몰트 캐릭터를 덮어버리면 펌킨 에일은 실패할 가능성이 있다. 또한 어떤 브루어들은 시즌에 맞춰 계피와 정향 같은 향신료를 첨가하고는 하는데 오히려 향과 풍미를 거칠고 불균형하게 해 맥주를 엉망진창으로 만들어버리기도 한다.

Q

→ Off flavors, 165쪽
→ Shelf life, 207쪽
→ Style, 220쪽

QA 품질 보증

BEER CULTURE

요즘에는 아주 작은 브루어리조차 장비가 잘 갖춰진 연구소에 품질의뢰를 할 수 있기 때문에 품질보증(QA)이 가능하다. QA는 맥주에 기술적 결함이 없음을 보증하는 것뿐만 아니라 유통기한과 기타 품질 이슈를 체크하여 시간이 지나도 맥주의 일관성을 유지하게 하는 것이다. 대부분의 브루어리에서는 이러한 목적을 위해 각 배치batch마다 소량의 맥주를 채취한다. 맥주의 모든 화학적인 변수를 측정하기 위한 고성능 장비 외에도 전문 테이스터가 맥주를 직접 평가하는 정성 검사qualitative test를 통해 맥주의 출하여부를 판단하기도 한다.

R

→ Cocktails, 70쪽

Radlers and Shandies 라들러와 샌디 STYLE

에일(보통은 비터) 또는 라거 맥주를 무알콜 탄산수 또는 과일 주스와 혼합한 음료를 말한다. 디젤(Diesel, 뒤셀도르퍼 알트비어와 콜라)처럼 특이한 변주들이 많이 있다. 아직은 라들러와 샌디가 대세는 아니지만, 이따금씩 누군가는 예술적이고 창의적인 라들러와 샌디가 크래프트 맥주계에서 차기 인기품목이 될 것으로 단정한다. 엄격한 잣대로는 샌디가 아니지만 유사한 방식으로 만드는 다양한 혼합음료가 많이 있다. 스네이크바이트snakebite는 맥주와 시더cider를 섞은 것이고, 악명 높은 터보 샌디turbo shandy는 맥주와 알코올/하드hard 레모네이드를 아주 세련되게 혼합한 것이다.

→ Untapped, 231쪽

Ratebeer 레이트비어 BEER CULTURE

레이트비어닷컴Ratebeer.com은 크래프트 맥주계에서 엄청나게 중요한 부분으로 자리매김하고 있다. 레이트비어는 본질적으로 맥주를 평가하는 인터넷 사이트로, 개인유저들에게 마시는 모든 맥주에 대해 점수를 매기고 시음기를 남기도록 한다. 때로는 혼란스러운 맥주시장에서 이와 같은 집단평가는 맥주선택에 결정적인 도움을 준다. 또한 이 사이트는 자체 하위문화를 만들고 있다. 주요 맥주축제에 가보라. 거기에서 시음기, 점수표, 포스트잇, 빈 맥주잔들이 아주 많이 놓여있는 테이블 한두 개는 쉽게 발견할 수 있을 것이다. 이들이 레이트비어 팬들이다. 성실해 보이는 이들은 맥주의 순위를 정하고, 아주 진지하게 자발적으로 맡은 바 임무를 수행한다. 가장 많은 리뷰를 작성한 사람은 마치 유명인사와 같은 지위에 오르기도 한다.

→ Phenols, 173쪽

Rauchbier 라우흐비어

STYLE

유럽 대부분의 지역에서 라우흐비어 즉 훈연맥주는 간접 건조를 통해 몰트를 연기에 노출시키지 않고 만들 수 있게 되자(1700년쯤에 일어난 일이다) 사람들에게 외면 받고 사라졌다. 몇 안 되는 예외 중 하나가 바로 밤베르크 주변의 북부 바바리아 지역인데, 이곳 사람들은 훈연몰트smoked malt를 선택하여 맥주를 만들었고 지금까지 이어오고 있다. 라우흐비어는 특정 맥주스타일이라기보다 거의 기술 또는 기법이라 할 수 있다. 주로 메르첸, 헬레스, 복과 같은 다양한 종류의 라거에 사용되는 비훈연맥아를 훈연맥아로 단순 대체한 기법이다. 기본적으로 달콤하고 풍성한 비치우드의 풍미와 균형을 맞출 수 있는 몰티함을 가진 라거 스타일로 양조한다. 비록 확실한 역사적 선례가 있기는 하지만, 망친 라거처럼 보이는 라우흐비어는 말할 필요도 없이 호불호가 분명히 나뉜다.

→ Britain, 60쪽
→ CAMRA, 65쪽
→ Cask, 69쪽
→ Macro-brewing, 149쪽

Real Ale 리얼에일

STYLE

종종 급성장하는 영국 크래프트 맥주와는 다소 적대적인 관계를 보이지만, 영국 양조전통의 보석과도 같은 스타일이다. 전통의 수호자이자 구원자 그리고 치어리더인 캄라CAMRA는 리얼 에일을 "전통적인 재료를 사용하여 양조되고 캐스크 내에서 2차 발효를 거쳐 펍의 캐스크로부터 직접 서빙되는 천연 제품"으로 정의한다. 다시 말해 리얼 에일은 캐스크 내에서 발효가 진행 중인 채로 배송되는, 시대를 초월한 전통적인 영국 스타일의 맥주다. 과거 영국 전역에 있는 펍, 여관, 태번에서 아주 일반적인 맥주였던 리얼 에일은 지금은 아주 특별한 것이 되었

다. 리얼 에일의 맥주저장고cellar를 유지 및 관리하는 것은 고도의 숙련된 기술로 인정받고 있다. 캐스크에는 입구가 두 개 있는데, 상단에는 키스톤keystone으로 불리는 마개가 있고 다른 하나는 측면부 가장 넓은 지점에 있다. 측면 입구로 발효가 덜 끝난 에일을 채운 후, 샤이브shive라고 불리는 나무 마개로 막는다. 캐스크가 펍의 맥주저장고에 도착하면, 샤이브를 위로 향하도록 눕혀서 보관하고, 과도한 이산화탄소가 1~2일에 걸쳐 배출되도록 스파일spile이라고 부르는 구멍이 있는 나무못을 샤이브에 박아 넣는다. 셀러 마스터cellar master가 맥주의 상태가 최상이라고 결정하면 캐스크의 내부압력을 유지하기 위해 스파일은 구멍이 없는 단단한 나무못으로 대체되며 2~3일 정도 그대로 보관한다. 이 기간 동안 맥주 표면에 떠 있는 효모와 기타 고형물들은 캐스크 바닥으로 가라앉고 맥주는 투명하고 밝은 색을 띠게 된다(모든 캐스크 에일은 투명하고 밝은 색을 가지고 있어야 한다). 맥주의 상태가 서빙하기에 적합하게 되면 맥주가 흐를 수 있도록 캐스크의 탭을 망치로 능숙하게 때려 키스톤 안으로 들어가게 한다(보기보다 더 까다롭다). 리얼 에일이 펍에 온탭되면 단 며칠 안에 공기 중의 미생물과 산소로 인해 맥주가 상할 수 있다. 리얼 에일 펍을 성공적으로 운영하기 위해서는 캐스크의 기술적인 관리만큼 재고관리가 중요한 이유가 여기에 있다.

Reinheitsgebot 맥주순수령

BEER CULTURE

→ Barley, 34쪽
→ Germany, 103쪽
→ Hops, 123쪽
→ Water, 235쪽
→ Yeast, 247쪽

바바리아의 공작 빌헬름 4세가 만든, 무려 500년 역사를 갖는 법령. 오늘날 독일에서 판매되는 모든 맥주의 재료는 맥주순수령에 의해 보리 몰트, 홉, 효모, 물, 단 4가지로만 구성된다. 맥주순수령이 제정될 당시에 효모는 아직 발견되지 않았기 때문에 원문에는 효모에 대한 언급이 없었다. 실제 원문은 재료 자체보다는 맥주를 만드는 데 드는 비용을 정하고 한도를 제한하는 것에 더 많은 부분을 할애했다. 일부 독일인들은 맥주순수령이 이제는 완화되어야 한다고 믿고 있지만, 여전히 맥주순수령은 맥주양조의 품질과 정확성에 있어 세계적인 명성의 토대로 남아있으며, 독일 문화를 사랑하는 전 세계의 브루어들은 자발적으로 이 법을 채택하고 있다.

→ Trappist, 227쪽

Religion 종교

BEER CULTURE

맥주와 종교는 고대 신들에서부터 수도사(트라피스트) 브루어, 그리고 오늘날의 절주운동에 이르기까지 수천 년을 거슬러 올라갈 만큼 길고 대립적인 관계를 갖는다. 대부분의 문화는, 수메르의 맥주여신 닌카시든 쾌락을 좇는 로마의 바쿠스(고대 그리스인들이 당신 취향에 더 맞는다면 '디오니소스')든 노르웨이 판테온의 파티주최자 아에기르 또는 포도주에 기반을 둔 기독교의 성찬식이든 간에 상관 없이, 그들 신화 속 어딘가에 알코올을 갖고 있으며 알코올의 해악에 대한 경고 또한 그만큼 많이 존재한다. 일부 종교들은 술을 전적으로 금지하기도 했다. 알코올 남용을 억제하려는 오늘날 많은 세속운동들은, 예를 들면 미국의 단주회Alcoholics Anonymous 같은, 분명히 (그리고 때로는 전적으로) 종교적인 도덕심에 그 기반을 두고 있다.

→ Adjunct, 18쪽
→ American Lager, 24쪽
→ Aroma, 28쪽
→ Mash, 153쪽
→ Stuck sparge, 220쪽

Rice 쌀

INGREDIENT

일부 쌀 품종은 맥주에 향미를 더할 수도 있지만, 일반적으로 맥주양조에서 쌀은 풍미나 향이 아닌 단순히 저렴한 발효성 당을 첨가하기 위해 사용된다. 옥수수와 마찬가지로 쌀은 매쉬에 넣기 전에 끓여서 반드시 젤라틴화 시켜야 한다. 쌀은 대량생산되는 아메리칸 라이트 라거에 흔히 사용되는 재료다. 때로 쌀알을 보호하는 겉껍질은 완전곡물 홈브루잉에서 더 자주 사용되는데, 이를 매쉬에 넣으면 곡물이 과도하게 뭉치는 것을 방지하여 끔찍한 스턱 스파징을 피할 수 있기 때문이다.

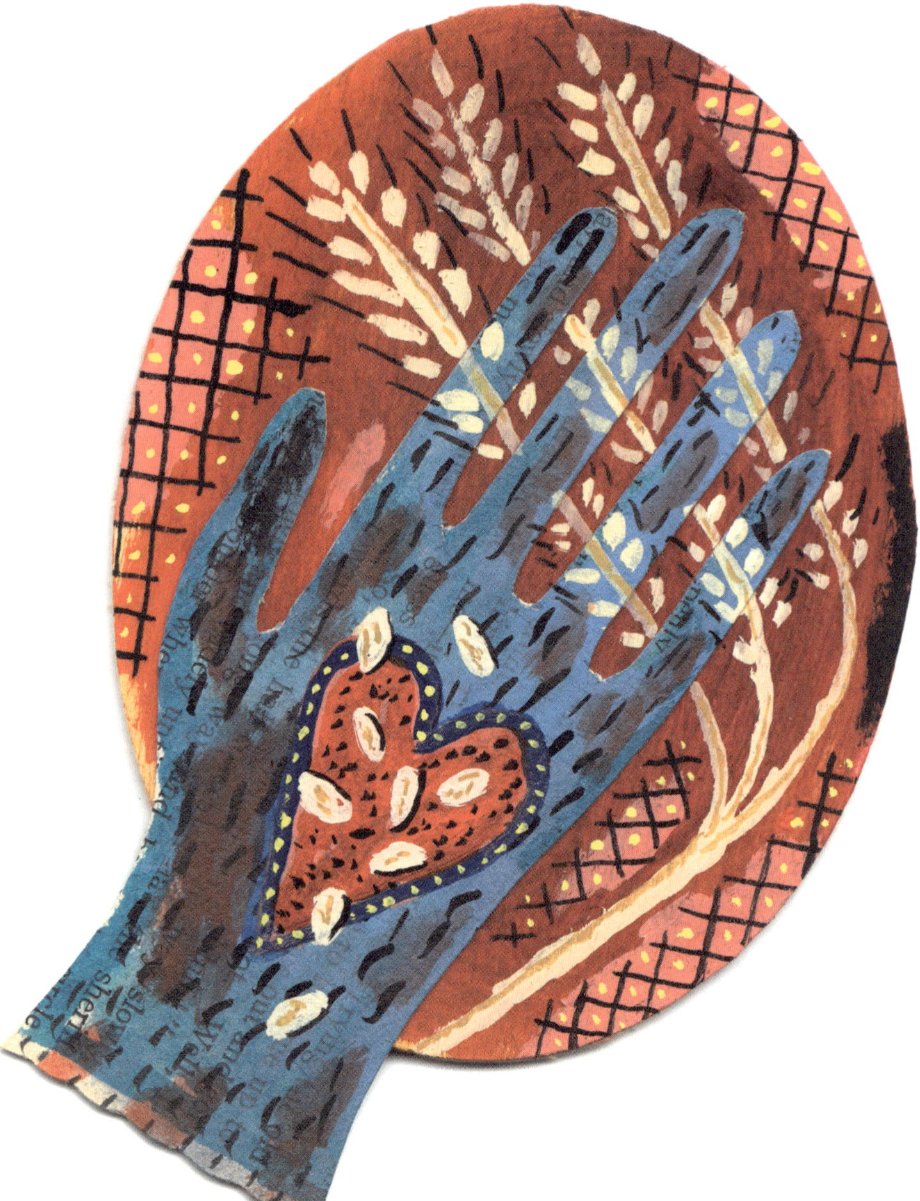

→ Adjunct, 18쪽
→ Barley, 34쪽
→ Grist, 108쪽

Rye 호밀

INGREDIENT

맥주의 복잡 미묘함과 크리스피함을 더하려는 목적으로 사용되는 호밀은 보리와 둘도 없는 완벽한 파트너이다. 스파이시한 호밀은 라거에 짜릿하고 드라이한 느낌을 부여하고 초콜릿과 캐러멜 풍미를 만들어내기 위해 구울 수도 있다. 색상 면에서 호밀맥주는 화려하고 붉은 가을색조를 띨 것이다. 라이 IPA Rye IPA는 날카롭고 깨끗한 느낌과 사과 브랜디와 같은 크리스피하고 독특한 끝맛을 가지고 있다. 호밀의 큰 단점은 양조과정 중에 단단해질 수 있다는 것이다. 이는 호밀이 낱알의 뭉침을 방지하는 겉껍질을 갖고 있지 않으며 끈적거리는 베타글루칸 성분을 많이 함유하고 있기 때문에 발생한다. 일반적으로 호밀을 10%정도 혼합하면 효과가 좋다. 독일식 호밀맥주인 로겐비어 Roggenbier는 전체 매쉬량의 최소 30%에서 65%까지 호밀을 사용하여 날카로운 호밀의 풍미와 다소 무거운 마우스필을 갖는다.

S

→ ABV, 17쪽
→ Belgium, 46쪽
→ Brettanomyces, 56쪽
→ Noble hops, 162쪽
→ Phenols, 173쪽
→ Yeast, 247쪽

Saison 세종

STYLE

세종의 역사는 어느 시골의 안개 속에 감춰져 있다. 전설에 따르면, 벨기에의 뜨거운 여름날 농부들과 계절 노동자들의 갈증을 해소하기 위해 양조되었다고 한다. 오늘날의 세종은 가벼운 세션 에일(session ale, 알코올 도수가 낮아 여러 잔을 마실 수 있는 에일 – 역주)부터 알코올 도수 10%에 가까운 것까지 다양하게 존재한다. 매우 드라이한 바탕 위에, 캐러멜 느낌이 나는 몰트는 가볍고 깨끗하며 후추 향이 나는 신선한 노블 홉과 훌륭한 균형감을 이루고 있다. 하지만 세종에서는 효모의 캐릭터가 중심이며 종종 꽤나 페놀릭하고 스파이시한 풍미를 보여준다(일부 브루어는 이런 캐릭터를 보완하기 위해 향신료를 넣기도 한다). 때때로 과일의 산미가 나기도 한다. 세종은 범위가 넓은 스타일이라 경우에 따라서는 시골집 마당에서나 맡을 수 있는 브레타노마이세스의 쿰쿰한 향을 덤으로 맡을 수도 있다.

→ Cleaning, 69쪽
→ Glassware, 103쪽

Sanitization 소독

BREWING

소독은 세척과는 다르다. 세척이 장비나 맥주잔이 더럽지 않다는 것을 보증한다면, 소독은 맥주를 상하게 할 수 있는 해로운 미생물들이 없다는 것을 보증한다. 양조장비 소독을 위해서는 특별한 비세제 소독제non-detergent sanitaization가 사용되는데, 이 제품은 소독을 위해 거품을 만든 후 맥주를 오염시키거나 효모 건강에 해가 되지 않는 성분으로 분해되도록 만들어졌다.

바bar에서는 서빙에 필요한 유리잔을 준비하는 마지막 단계에 '맥주를 따르기에 적합하다'beer clean는 것을 보증하기 위해 거품이 없는 소독제를 사용한다.

→ Glassware, 103쪽

Schooner 스쿠너

DRINKING

서빙하기에 가장 혼란스러운 맥주잔의 크기를 겨루는 종목이 있다면 스쿠너는 우승이 확실한 맥주잔이다. '스쿠너'에 대한 법적 정의는 없으며, 스쿠너의 정의를 물어보는 장소가 어디냐에 따라 꽤나 다른 답변을 얻게 될 것이다. 오스트레일리아 남부에서 스쿠너의 크기는 임페리얼 파인트의 절반(285ml)이지만, 다른 지역에서는 일반적으로 425ml 또는 임페리얼 파인트의 3/4을 의미한다. 캐나다에서는 훨씬 더 일정치 않은데, 가장 흔한 크기는 미국 파인트의 두 배 정도인 950ml이지만 단순히 큰 유리잔을 의미하기도 한다. 미국에서 스쿠너는 용량보다 모양에 더 방점을 두며 다리stem가 있는 사발과 같은 둥근 형태에 용량이 1.2~2 파인트(530~950ml) 사이에 해당하는 잔을 의미한다. 영국에서 스쿠너는 큰 셰리주 잔으로 시작되었다. 일반적으로 맥주업계에서는 379ml 또는 2/3 파인트를 의미하지만, 만약 당신이 뉴캐슬에 있다면, 그곳에서는 전통적으로 1/2 파인트 유리잔을 의미한다. 확실히 알겠는가? 아닌가? 나도 모르겠다.

→ Wee Heavy, 236쪽

Scottish Ales 스코티시 에일

STYLE

영국의 에일과 다소 비슷한 면이 있으며 자체로도 주목할 만한 스타일을 가지고 있다. 역사적으로 스코틀랜드 맥주의 알코올 도수는 '실링'(shilling, 지금은 폐기된 영국의 화폐단위)으로 표기하고 있다. 아주 오래 전 어느 시절에는 1배럴의 재료값을 표시할 때 실링을 사용했다. 요즈음 이런 단위는 의미가 사라졌지만, 전통은 끈질기게 붙어 다니기 마련이다. 많은 에든버러 펍

과 바에서 칼레도니안 80실링(80/– 또는 단순히 Cal 80)으로 표기된 것을 흔히 볼 수 있어 이 전통의 훌륭한 본보기를 확인할 수 있다. 중세시대의 보리 몰트는 피트(peat, 피트는 해조류들이 탄화되어 생긴 물질이다 – 역주) 불 위에서 건조되었는데, 이런 방식은 몰트에 확연한 훈연향과 페놀 캐릭터를 남긴다. 스코틀랜드의 일부 지역에서 생산되는 위스키는 오늘날에도 여전히 이와 같은 캐릭터를 가진다. 관광객들을 위해 특별히 이러한 훈연향을 만드는 것을 제외하면, 요즘에는 전통적인 스코틀랜드 맥주에서 훈연향을 찾기는 힘들다. 과거에는 스코틀랜드 암벽해안 근처에서만 이런 풍미를 찾을 수 있었지만, 최근에는 오직 세계적인 크래프트 브루어들이 만든 스카치 에일이나 위 헤비를 포함한 몇몇 스타일에서만 피트의 풍미를 느낄 수 있다. 특히 알코올 도수가 높고 바디감이 무거워 배럴 숙성에 적합한 발리 와인에서 발견할 수 있다.

Scottish Export 스코티시 엑스포트

STYLE

→ Ale, 21쪽
→ Pale Ale, 169쪽

스코티시 라이트 에일이나 스코티시 헤비 에일보다 더 흥미로운 괴물. 엑스포트 80실링(80/–) 에일은 품질이 뛰어난 잉글리시 페일 에일이나 비터와 매우 유사하다. 이 스타일은 뒤에서 잔잔히 올라오는 홉향과 함께 뚜렷한 쓴맛을 갖고 있으며 몰트의 복잡적인 토피와 토스트 같은 풍미는 맥주의 깊이를 더해 준다. 이 스타일의 좋은 예로 벨헤이븐 스코티시 에일Belhaven Scottish Ale과 맥완즈 엑스포트McEwan's Export를 들 수 있다.

Scottish Heavy 스코티시 헤비

STYLE

→ Scottish Light Ale, 202쪽

가끔 70실링(70/–)으로 불리는 스코티시 헤비는 부담 없이 마실 수 있는 알코올 도수 3.5~4%의 세션 에일이다. 스코티시 라이트 에일과 아주 유사한 캐릭터를 갖는데, 실제 홉향은 없으며 살짝 더 크리미하고 복합적인 몰트 풍미를 갖는다.

Scottish Light Ale 스코티시 라이트 에일 STYLE

종종 60실링(60/–)으로 표기되는 스코티시 라이트 에일은 넓게 보면 잉글리시 비터와 비슷하다. 깔끔한 몰트의 캐릭터를 갖고 있으며 특별히 언급할 만한 홉향은 없다. 캐러멜 향이 살짝 코에서 느껴진다. 알코올 도수가 3% 정도인 이 스타일은 시중에서는 더 이상 자주 볼 수 없는 맥주다.

Secondary fermentation 2차 발효

BREWING

→ Ale, 21쪽
→ Carbonation, 66쪽
→ Cask, 69쪽
→ Conditioning, 74쪽
→ Diacetyl, 77쪽
→ Fermentation, 89쪽
→ Lager (definition 1), 142쪽
→ Yeast, 247쪽

1차 발효(다량의 발효성 당이 알코올과 이산화탄소로 바뀌는 역동적인 시기)가 끝난 이후 일어나는 추가적인 발효와 숙성 과정을 포괄하는 용어로, 맥주와 효모가 완전히 분리되기 전을 의미한다. 필스너와 퀼슈 같은 맥주에서 2차 발효는 몇 주가 걸리는 '라거링' lagering 기간에 진행된다. 저온에서 느리게 진행되는 2차 발효 시 남아있는 부유 효모들은 맥주에서 중요한 화학적 변화를 만든다. 가장 주목할 만한 것은 맥주에 잔존하는 다이아세틸을 다시 효모 속으로 흡수하여 없애는 일이다. 에일 양조에서 2차 발효는 이산화탄소를 맥주에 녹아들게 하여, 강제로 이산화탄소를 주입해서 생기는 좀 더 강한 탄산감과는 다른, 부드러운 탄산감을 제공할 뿐 아니라 원치 않는 풍미 성분을 없앤다. 이런 숙성과정은 숙성탱크에서 진행되며, 전통적인 영국 에일의 경우 병이나 캐스크 안에서 이루어진다.

Selling out 매각 BEER CULTURE

→ Macro-brewing, 149쪽

크래프트 맥주 운동이 전 세계에 걸쳐 일어나면서, 그저 옆에서 지켜보며 응원만을 보내던 사람들조차, 보잘 것 없으나 잘 되기를 바랐던 신생 브루어리가 어느 시점에는 실제로 성공을 거둔다는 사실을 인정하게 되었다. 신생 브루어리들은 능숙

한 마케팅을 전개하며 다른 지역에 펍을 열기도 하고 슈퍼마켓을 통해 맥주를 공급하기도 한다. 심지어 사업의 일부나 전체를, 아마도 우리 모두가 싫어할, 자금력이 풍부한 대형맥주회사들 중 한곳에 매각하기도 한다. 이것은 순수한 피터팬이 자본주의적인 손해사정인으로 취업하는 걸 보는 것과 비슷하다. 이런 일은 점잖은 사람들을 혼란스럽고 화나게 한다. 하지만 그게 진짜 그렇게 나쁜 걸까? 매각은 크래프트 맥주회사에게 그들의 맥주를 더 많은 고객들에게 퍼트릴 수 있는 새로운 기회이고 크래프트 맥주에 관해서 줄곧 우리가 옳았다는 것을 인정받는 일일 수도 있다. 그리고 순수하게 물질주의적인 관점으로 보더라도, 20년 이상 당화조 옆에서 무지하게 고생한 브루어들이 뜻밖의 횡재를 누릴 자격이 없다고 누가 말할 수 있겠는가?

Servers 서버 DRINKING

무엇이 훌륭한 맥주 바bar를 만드는가? 전 세계 최고의 맥주회사에서 나온 신선한 생맥주 라인을 40개 정도 갖춘다면 분명히 도움이 된다. 취향에 따라 라이브 DJ나 재즈 트리오도 분명 분위기를 더해줄 것이다. 홈메이드처럼 느껴지는 음식들도 감동을 준다. 그러나 실제로 당신을 바에 계속 오게 만드는 것은 바 뒤편에 있는 사람들의 헌신적인 노력과 전문지식이다. 당신이 "저 맥주는 어때요?"라고 물었을 때 맥주를 서빙하는 직원이 "저는 몰라요"라고 대답하는 것은 더 이상 용납되는 일이 아니다. 또한 맥주를 구매하기 전 시음을 허용하는 것은 좋은 바를 위한 굉장히 훌륭한 매너라고 할 수 있다. 다행히 멋진 독립 펍, 바, 탭룸들이 늘어나고 있고, 미국의 시서론이나 독일의 되멘스 비어소믈리에 같이 국제적으로 인정받는 맥주교육 프로그램들은 서버들에게 맥주의 스타일, 캐릭터, 완벽한 맥주 한 잔을 서빙하는 기술과 지식을 갖출 수 있는 과정을 제공하기도 한다.

→ Draft systems, 81쪽
→ Keggerator, 137쪽

Serving temperature 서빙 온도 DRINKING

서빙 온도는 맥주를 즐길 때 종종 무시하고 넘어가는 부분이다. 풍미, 향, 마우스필, 바디감, 탄산감, 완벽한 균형감과 관련된 변수들과 양조 시 발생할 수 있는 모든 난관을 극복했다 할지라도, 맥주를 적합한 온도로 서빙하지 않으면 그 맥주에 대한 경험을 완전히 망칠 수 있다. 맥주를 집에서 마실 때 이런 문제가 발생하곤 하는데, 마찬가지로 많은 바에서도 이런 문제가 생기고는 한다. 집이든 바든, 라거를 서빙할 때와 똑같이 아주 차가운 온도로 모든 스타일의 맥주를 서빙하는 경우가 가끔 있다. 이런 경우, 대부분의 향물질은 비활성 상태로 있기 때문에 퍼져 나가지 못하며, 혀는 맥주의 풍미와 맛의 멋진 뉘앙스를 느끼지 못하게 된다. 이상적인 서빙 온도는 3~13℃로 놀라울 정도로 그 범위가 넓다. 따라서 적어도 엇비슷한 온도로 맥주를 서빙하려는 노력은 해볼 만하다. 전통적으로 특정 스타일은 특정 온도로 서빙하라는 지침이 있긴 하나, 대부분의 경우 두 가지 법칙을 따르면 된다. 첫째, 낮은 온도에서 발효된 맥주는 낮은 온도로 서빙되어야 한다. 둘째, 맥주의 색이 어두울수록 서빙온도는 높아진다. 캔과 병에 권장 서빙 온도를 표시하고 있긴 하지만, 조금 넓게 보면 유럽의 라거와 필스너는 3~7℃, 알코올 도수가 낮은 스페셜티 에일은 4~10℃, 다크 에일은 7~13℃, 리얼 에일은 맥주저장고 기준 10~13℃ 정도에서 서빙되어야 한다.

→ ABV, 17쪽
→ IPA, 132쪽
→ Pale Ale, 169쪽

Session Beers 세션 비어 STYLE

그 이름이 말해주듯, 마지막 버스 정류장에서 혀 꼬부라진 소리하며 취할 걱정 없이 오후나 저녁시간 내내 마실 수 있도록 만든 맥주다. 세션 비어는 비교적 알코올 도수가 낮을 뿐만 아니라(알코올 도수 4% 미만을 의미하지만 크래프트 씬에서는 조금 더 높을 수 있다) 기분 좋은 쓴맛과 향을 가지고 있고 긴 시간

동안 마실 수 있도록 맛이 있어야 한다. 세션 비어는 그 자체가 특정 스타일로 분류되지 않는다. 대체로 알코올 도수가 더 낮은 IPA와 페일 에일 스타일이 가장 많다. 파운더스Founders의 올 데이 IPA All day IPA, 스톤Stone의 고 투 IPA Go to IPA, 비버타운Beavertown의 넥 오일Neck Oil이 좋은 예다. 세션 비어라는 용어는 비교적 현대의 것으로 보이지만, 오후와 저녁 '연달아서'session 펍의 개장시간을 두 번으로 엄격히 제한했던 전후 영국에 그 뿌리가 있다고 추측된다.

→ Ageing, 18쪽
→ Barrel-ageing, 37쪽
→ Off flavors, 165쪽

Shelf life 유통기한

TASTING

맥주가 전 세계로 유통되는 오늘날 유통기한은 엄청나게 중요하다. 애석하게도 크래프트 맥주 씬에서 유통기한은 지속적으로 현실적인 난관이 되고 있다. 불변의 화학법칙으로 인해 일부 스타일은 다른 스타일보다 어쩔 수 없이 더 큰 '상온 안정성'shelf stable을 갖는다. 예를 들어, 홉향에 의지하는 스타일들은 최고로 신선해야 한다. 왜냐하면 열대과일향과 풍미를 부여하는 에센셜 오일은 아주 빨리 분해되는 경향이 있기 때문이다. 사용되는 과일에 따라 다르긴 하지만 많은 과일맥주(혹은 fruit beer)에도 똑같이 해당된다. 좋지 못한 상온 안정성은 양조과정 또는 패키징에서 결점이 될 수도 있다. 강력한 여과과정이 유통기한을 연장시킨다는 것은 의심의 여지가 없지만, 풍미와 마우스필을 저하시킬 수도 있기에 항상 바람직한 것은 아니다. 그 반대 역시 마찬가지이다. 맥주에 있으면 안 되는 화합물을 그대로 남겨 두면 맥주가 빨리 상할 확률이 엄청나게 높아질 수 있다. 이것이 탁하고 걸쭉한 NEIPA가 거리가 먼 곳으로 유통이 잘 안 되는 이유이다. 브루어리에서 맥주잔까지 이동하는 사이에 맥주를 잘못 다루면 항상 유통기한이 더 짧아진다. 예를 들어, 병맥주는 열이나 지나치게 많은 빛에 노출되면 품질이 저하된다. 비용이 훨씬 더 들기는 하지만 아메리칸 IPA 같은 맥주들은 냉장 컨테이너로 운송되는 경우가 점차 늘고 있다. 이런 맥주들은 높은 온도를 느낄 수 있는 아주 짧은 기회조차 갖지 못한다.

Siebel Institute, The 지벨 인스티튜트

BEER CULTURE

독일 이민자인 존 이왈드 지벨John Ewald Siebel은 1868년에 미국에서 역사가 가장 길고 아마도 가장 유명한 양조학교인 지벨 인스티튜트 오브 테크놀로지(the Siebel Institute of Technology, 원래 명칭은 Zymotechnic Institute 즉 지모테크닉 인스티튜트였다)를 시카고에 설립했다. 그는 1882년 이곳에서 양조과정 교육을 시작했지만, 이것이 지벨 인스티튜트의 가장 중심이 되는 정규과정으로 자리 잡게 된 것은 1890년대 그의 아들이 합류한 이후였다. 현재 시카고 본원뿐만 아니라 다른 몇몇 지역에서도 모든 과정들이 진행되고 있다. 지벨 인스티튜트에서는 양조학, 그중에서도 특히 발효과학 분야에 대한 연구가 엄청나게 활발하다.

Single-hop beers 단일홉 맥주

STYLE

→ Hops, 123쪽
→ Hops, aroma, 124쪽
→ Hops, bittering, 124쪽

미국과 영국에서 인기가 늘고 있는 양조방식으로, 단일홉 맥주는 1개 품종의 홉으로 맥주의 쓴맛과 특징적인 향을 만들어낸다. 이 맥주를 마시는 사람은 사용된 홉의 고유한 특징들을 구분하고 배울 수 있으며 이후에는 여러 품종의 홉을 사용한 맥주에서 특정 홉의 캐릭터를 선별해낼 수도 있다. 단일홉 맥주는 크래프트 맥주 애호가들이 점점 더 중요하게 여기는 지역성과 계절성이라는 개념과도 잘 맞아 떨어진다.

Snacks 안주

DRINKING

→ Brewpub, 60쪽
→ Pub, 181쪽
→ Taproom, 223쪽

맥주 애호가들은 안주 제공 유무와 수준을 통해 자신들이 술

1
1
1
1

을 마시고 있는 펍과 바에 관해 많은 것을 알 수 있다. 가령, 흰 가루가 묻은 견과류를 담은 사발은 축구 지식을 조금만 가지고 있어도 친구를 사귀는 데 도움이 된다는 것을 의미한다. 돼지껍질 튀김 또는 쇠고기 육포는 그보다 한 단계 높은 수준이다. 반면에 가게주인이 최근 와사비 콩을 자주 내놓는다면, 저녁 내내 맥주 한 잔만 마시는 나이든 단골손님에 질려 좀 더 세련된 고객이 방문하기를 원한다는 것을 암시한다. 사우어 도우 빵과 고급스러운 뿌리채소 피클을 담은 밀폐식 유리용기가 보이면, 맥주 한 파인트를 주문하기 전 대출을 고려해야 할지도 모른다. 그만큼 가격이 비싼 곳이라는 뜻이다.

* 견과류가 담긴 사발 안주가 있는 곳은 대개 화면이 큰 TV로 축구를 방송한다. 따라서 축구에 관심이 조금만 있어도 옆 사람과 쉽게 어울릴 수 있다는 의미다. – 역주

Sour 사우어 맥주

STYLE

'사우어' 맥주는 다양한 스타일의 맥주와 양조기법에 적용될 수 있다. 실제로 너무 많아서 일부 전문가들은 애초에 스타일이 꽤 다른 맥주들을 서로 비교하는 데 이 용어가 오히려 도움이 안 된다고 생각한다. 이 맥주들이 공통적으로 갖고 있는 특징은 약간 시큼함이 있는 신맛(tart sourness, 많은 맥주초심자들을 혼란스럽게 만드는 특성으로 쓴맛은 아님)이다. 신맛 나는 맥주를 만드는 가장 단순한 방법은 곡물을 당화시킬 때 락토바실러스 박테리아를 이용해 기본 산도를 높이는 것이다. 케틀 사우어링kettle souring으로 알려진 이 기법을 적용하면 맥주를 생산하는 데 일반 맥주보다 48시간이 더 소요되지만, 안전하며 결과도 잘 예측할 수 있다. 혼성 발효mixed fermentation는 효모와 박테리아를 섞어서 사용하는 방법이다. 이 기법으로 맥주를 만들면 케틀 사우어링보다 시간도 훨씬 더 걸리고 비용도 상당히 증가한다. 혼성 또는 자연 발효로 양조된 맥주는 더 복잡한 1차 발효를 거치며 (종종 속도도 더 느리다) 뿐만 아니라 충분한 숙성을 위해 1년 이상 나무 배럴에 숙성하는 경우도 흔하다.

→ Acetobacter, 18쪽
→ Bacteria, 33쪽
→ Bitterness, 50쪽
→ Lactobacillus, 141쪽
→ Pediococcus, 170쪽
→ Spontaneous fermentation, 215쪽
→ Yeast, wild, 249쪽

Sparge 스파징

BREWING

→ Boil, 51쪽
→ Brewhouse, 59쪽
→ Lauter, 146쪽
→ Mash, 153쪽
→ Mash tun, 155쪽
→ Stuck sparge, 220쪽
→ Wort, 244쪽

라우터링lautering으로 부르기도 하는 스파징은 양조과정에서 정말 중요한 단계이다. 뜨거운 물을 지속적으로 흐르게 하여 매쉬에 남아있는 잔당을 우려내는 단계로, 그 결과 달짝지근한 몰트 액체 즉 맥즙이 얻어진다. 대부분의 당화조에는 아래에 꼭지가 달린 그물망 모양을 한 폴스 바텀false bottom이 있다. 브루어는 이 폴스 바텀을 통해 매쉬로부터 밑으로 흐르는 액체를 모아 끓임조로 보낸다. 가장 흔한 스파징 기법은 연속 스파징 방법이다. 이는 당화조 최상단부로 물을 천천히 뿌려주는 기법으로, 물이 곡물 사이를 통과하면서 당도가 점점 높아지게 된다. 곡물찌꺼기인 그레인 베드grain bed를 처음 통과한 맥즙은 대개 약간의 곡물껍질과 원치 않는 입자들이 섞이기 마련이다. 그런 이유로 맥즙을 당화조 위에 다시 부어 그레인 베드를 다시 통과하게 한다. 이때 그레인 베드는 자연스런 여과필터 역할을 하게 되며 맥즙이 맑아질 때까지 여러 번 진행한다. 지나치게 빠르거나 느린 스파징은 곡물층을 압착하여 골치 아픈 스턱 스파징으로로 이어질 수 있다.

* 스파징은 라우터링 과정에서 추가적인 당을 추출하는 과정으로 일반적으로 라우터링과 스파징은 다른 과정으로 불린다. – 역주

Spent grain 맥박

BREWING

→ Malting, 150쪽
→ Mash, 153쪽
→ Sparge, 212쪽

맥박은 당화과정과 스파징으로 곡물에 있는 대부분의 탄수화물을 추출한 이후 남은 으깨진 보리껍질과 여러 찌꺼기들을 말한다. 그냥 버리기도 하지만, 최근에는 폐기물을 줄이려는 환경의식을 가진 브루어가 늘고 있으며 다른 용도로 맥박을 사용하는 방법을 찾고 있다. 맥박은 훌륭한 가축사료가 되기 때문에 시골에 위치한 브루어리는 인근에 있는 농가에 맥박을 기부하기도 한다. 일부 혁신적인 회사는 맥박을 이용해 식용 시리얼

바를 만들기 시작했다. 한편, 맥박은 위스키 업계에서는 '드래프'draff로 부른다. 이 용어가 맥주업계에서는 왜 인기가 없는지 도무지 알 길이 없다. 진짜 멋진 단어인데!

→ Acetobacter, 18쪽
→ Fermentation, 89쪽
→ Fermentation vessel, 91쪽
→ Flanders Red/Brown, 96쪽
→ Lactobacillus, 141쪽
→ Lambic, 145쪽
→ Pediococcus, 170쪽
→ Sour, 211쪽
→ Wort, 244쪽
→ Yeast, 247쪽

Spontaneous fermentation 자연 발효

BREWING

의도적으로 투입한 특정 효모 또는 박테리아를 통해 발효를 진행하는 것이 아닌, 주위에 자연적으로 존재하는 (공기 중이나 최근에는 더 흔한 경우로 발효조에 이미 존재하는) 미생물들이 맥즙으로 들어가서 발효를 진행하는 것을 말한다. 이 발효방식을 특징으로 하는 맥주 스타일이 다수 있는데, 특히 람빅이나 플랜더스 레드같은 '와일드' 사우어 비어와 연관이 많다. 자연 발효는 발효의 결과를 예측할 수 없고 브루어가 효모를 정하는 일반적인 양조방식보다 항상 더 늦게 진행된다.

→ Mash, 153쪽
→ Mash tun, 155쪽

Stepped mash 스텝 매싱

BREWING

기본적으로 당화작업은 특정 온도의 물을 곡물에 넣은 다음 정해진 시간동안 그 온도를 유지하는 일이다. 그러나 당화에 관여하는 다양한 효소들이 최적으로 활동하는 온도가 각기 다르기 때문에 몇몇 브루어는 특정한 결과를 얻기 위해 '스텝 매싱'step masing 또는 '승온 스텝 매싱'upward step mash 방식을 사용한다. 물론 더 많은 당화 방법이 있을 수도 있다. 온도 변화를 두 번만 할 수도 있지만 스타일에 따라 여러 번의 온도 변화를 주면서 당화를 할 수도 있다. 심지어는 실온 온도에서 끓는점까지 온도 변화를 주는 곳도 있다. 유럽대륙의 양조전통은 스텝 매싱과 가장 밀접하게 연관되어 있는데, 많은 벨기에 스타일의 양조에 이런 전통이 적용된다. 아마도 가장 복잡한 당화방식은 독일의 '디콕션'decoction 방식일 텐데, 이 방식에서는 매쉬의 일부분을 떠내서 잠깐 동안 끓인 후 당화조에 다시 넣어 전체 매쉬의 온도를 상승시킨다. 이 과정은 대여섯 시간에 걸쳐 2~3번 정도 반복될 수 있다.

→ Ageing, 18쪽
→ Bottles, 55쪽
→ Light strike, 146쪽
→ Off flavors, 165쪽
→ Shelf life, 207쪽

Storage 보관

TASTING

스타일에 따라 많이 다르지만, 맥주는 아주 섬세한 음료이기 때문에 부적절한 보관환경에 민감한 편이다. 특히 유통기한이 아주 짧거나 또는 숙성을 요하는 맥주는 올바른 보관조건이 필수적이다. 발효가 진행되는 중에 시중으로 출시되는 캐스크 맥주가 아니라면, 브루어리는 양조과정이 '종료된' 맥주만 판매할 것이다. 하지만 이게 그 맥주가 완전히 활동을 멈췄다는 의미는 아니다. 실제로 전혀 그렇지 않다. 맥주 캐릭터를 부분적으로 또는 완전히 바꿀 수 있는 아주 중요한 변화들이 병 속에서 계속 일어날 수 있다. 특히 과일이나 향이 풍부한 아로마 홉에서 나오는 풍미같은 것들이 사라질 수 있다. 이것이 바로 미국의 웨스트코스트 페일 에일west coast pale ale을 제대로 즐길 수 있는 유일한 장소가 미국 서부연안인 이유다. 시간이 지남에 따라 산화작용이 시작되고 마우스필과 거품유지력에 아주 많은 영향을 미치는 단백질은 분해되어 병바닥으로 맥없이 가라앉는다.

온도도 굉장히 중요한 관리요소이다. 열 또한 원하지 않는 변화를 유발하는 화학반응을 촉진시킬 수 있기 때문이다. 심각한 온도변화는 맥주에 치명상을 줄 수 있다. 냉장고에 한 번 넣은 맥주는 마시고 싶을 때 말고는 그냥 냉장고에 둬라. 마지막으로 빛도 꼭 피해야 한다. 갈색병은 맥주를 망치는 자외선을 비교적 잘 막아주지만, 몇 주 동안 직사광선에 계속 노출되면 결국 영향을 받는다. 제발 여름에는 서늘하고 어두우며 건조한 장소에 맥주를 보관하자.

최종 맥주는 변화가 없다라는 인식을 걱정해서인지, 곧장 마셔버릴 맥주가 아니라면 서늘하고 어두운 장소에 보관해야 한다는 권고문을 병에 표시하는 트렌드가 생긴 것 같다. 이는

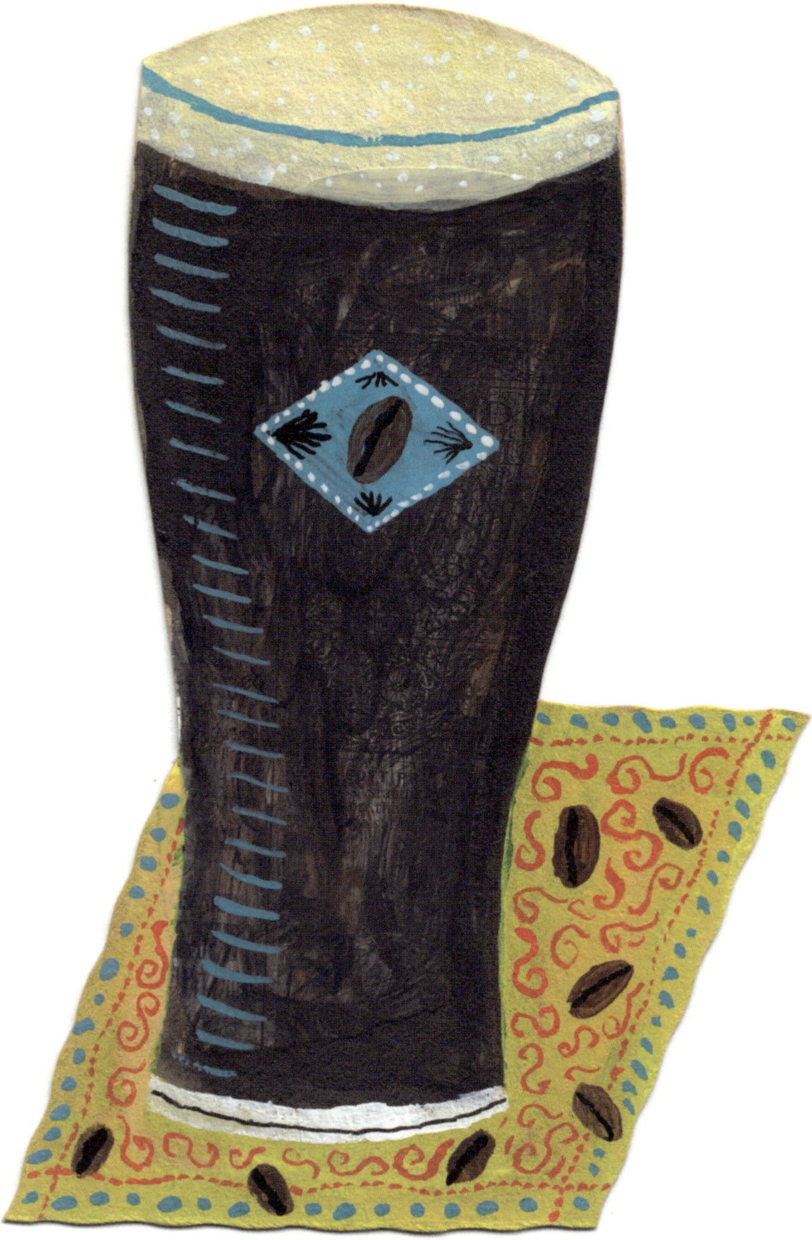

슈퍼마켓 과일에 적힌 "후숙은 집에서"라는 권고문과 같아 보인다. 잠깐 동안의 유행인 것으로 판명될 것이다. 그러길 바랄 뿐이다.

→ Porter, 177쪽

Stout 스타우트

STYLE

아일랜드는 포터의 인기가 하늘을 찌르기 시작한 19세기 말, 영국에서 다크 비어의 주도권을 가져오게 되며, 그 시점부터 두 전통의 희비가 엇갈리기 시작한다. 영국 포터는 검은 색상의 로스티드 몰트roasted malt를 쓰지만, 아일랜드 스타우트는 구운 보리인 로스티드 발리roasted barley를 사용한다는 차이가 있다. 로스티드 발리는 스타우트 특유의 도드라지는 커피향과 맛을 맥주에 입힌다. 일정량의 미발아 보리 또한 매쉬에 흔히 포함되는데, 이것은 스타우트가 좀 더 부드럽고 크리미한 마우스필을 갖게 한다. 스타우트는 역사적으로 포터보다 알코올 도수가 약간 높게 양조되었다. 그러나 포터를 부활시킨 크래프트 씬에서는 포터 또한 예전보다 알코올 도수를 조금 높게 양조하고 있다.

→ ABV, 17쪽
→ Alcohol, 20쪽
→ Style, 220쪽

Strength 알코올 강도

BEER CULTURE

수년 동안 많은 사람들은 알코올 강도를 맥주가 얼마나 빨리 당신을 취할 수 있게 하는가에 대한 척도로 생각했다. 그러나 몰티함, 쓴맛, 향, 바디감, 탄산감, 마우스필 같은 맥주의 여러 특성과 조화를 이루는 알코올 강도 또한 맥주 스타일에 있어 또 하나의 중요한 요소라는 것을 우리는 크래프트 맥주를 통해 재발견했다. 예를 들어, 만약 라거가 알코올 도수 8%를 가지고 있다면 고전적인 라거의 맛이 제대로 나오지 않을 것이고, 반면 알코올 도수 4%의 영국 발리 와인은 참을 수 없을 만큼의 단맛을 제공해 우리를 쉽게 질리게 할 것이다.

→ Home-brew, 117쪽
→ Mash, 153쪽
→ Wort, 244쪽

Stuck sparge 스턱 스파지

FAULT

많은 홈브루어의 골칫거리이고 흔한 실수 중 하나인 스턱 스파지는 곡물찌거기인 그레인 베드grain bed가 너무 조밀하거나 아예 막혀서 물이 통과하지 못할 때 생긴다. 스턱 스파지가 생기면 물의 흐름이 느려져 방울로 떨어지다 결국 완전히 멈추게 되고 도대체 다음에 무엇을 해야 할지 알 길이 없어진다. 밀과 같은 곡물은 다른 곡물보다 스턱 스파지를 유발하기가 더 쉽다. 따라서 양조 레시피를 짤 때 이런 부분을 반드시 고려해야 한다. 예방이 치료보다 더 낫다. 매쉬에 소량의 쌀껍질을 포함시키는 방법도 스턱 스파지를 방지하는 방법 중 하나이다. 온도를 높게 유지하고(곡물을 너무 차갑게 하면, 젤처럼 되고 서로 달라붙는다) 곡물을 너무 곱게 분쇄하지 않는 것도 도움이 된다.

Style 스타일

STYLE

새롭고 파괴적인 생각이 가치 있는 것으로 인식되는 크래프트 맥주 씬에서도 스타일은 다루기가 참 어려운 주제다. 우리는 스타일을 통해 주문한 맥주를 잘 이해할 수 있을 뿐만 아니라 그 맥주가 성공적으로 양조되었는지도 알 수 있다. 따라서 스타일은 맥주 음미를 위한 초석이라 할 수 있다. 각 스타일은 맥주가 갖고 있는 다양한 특징들이며 역사이다. 또한 그 맥주의 의미를 이해하기 위한 흐릿한 그림이며 브루어와 소비자가 펼쳐내는 해석과 같다. 스타일은 서로 겹치는 부분이 있기도 하지만, 자신이 속한 원래의 역사에서 멀리 벗어나 세월의 흐름과 지역에 따라 다른 의미를 갖는 경우도 있다. 많은 이들이 이렇게 다루기 힘들고 혼동스러운 스타일을 스타일 가이드 라인과 대회심사 기준 등을 통해 더 객관적인 것으로 바꾸려 노력하고 있다. 그러나 이런 아이디어, 즉 특정 스타일의 맥주를 만드는 확실하고 올바른 방식이 있을지도 모른다는 생각이 나온 지는 불과 50년 밖에 되지 않았다.

1
2
3
4
5
6
7
8

크래프트 브루어들은 스타일이라는 아이디어를 존중하는 것처럼 보인다. 특히 특별한 스타일에 대한 양조방식과 원칙을 권장하는 것을 보면 말이다. 하지만 다른 한편으로는 변종hybrid brews을 만들거나 흔히 쓰지 않는 재료를 사용하고, 때에 따라서는 의도적으로 맥주에 이취를 풍기게 하는 방식 등을 통해 기존 스타일에 끊임없이 도전하고 있다. 그러니 전혀 예상치 못한 맥주도 한번 기대해 보시라.

Supertasters 절대미각자

DRINKING

다른 사람보다 유전적으로 민감한 미각을 갖고 있는 사람. 특히 쓴맛에 민감하며 우리 중 약 20%(여성들이 살짝 더 많다)가 이에 해당한다. 돌연변이 슈퍼히어로즈의 일원이 되더라도 이런 절대미각자는 범죄와의 전쟁에는 별 소용이 없다. 하지만 맥주를 테이스팅 하는 경우라면 분명한 차이를 가져다 줄 것이다. 한편 다른 쪽 끝에는 미맹이라는 꼬리표가 붙는, 맛을 제대로 감별하지 못하는 약 40%의 불운한 사람들이 있다. 이는 이들이 맛을 전혀 느낄 수 없다는 의미는 아니다. 단지 보통 사람들보다 현저하게 맛에 민감하지 않다는 뜻이다. 나머지 40%에 속하는 사람들은 이 모든 호들갑이 뭔지 궁금해 하면서 알파산이 듬뿍 든 DIPA를 벌컥벌컥 계속 마시고 있을 것이다.

T

→ Artwork, 28쪽

T-shirts 티셔츠

BEER CULTURE

티셔츠는 크래프트 맥주 세계에서 문화적으로 매우 중요한 아이템이다. 자신이 좋아하는 브루어리에 대한 충성심을 보여주는 방식일 뿐만 아니라 자신이 유명 해외 브루어리와 관련이 있다는 직간접적인 강력한 상징이다. 미국에서는 많은 이들이 공통적으로 존경해 마지않는 제3의 브루어리 티셔츠를 입고 옆 브루어리를 방문하는 브루어를 종종 볼 수 있다. 이것이 맥주와 연관된 상품이 추는 일종의 복잡한 사교댄스이다.

→ Brewpub, 60쪽
→ Pub, 181쪽

Taproom 탭룸

DRINKING

보통 특정 크래프트 브루어리가 위치한, 아니면 적어도 밀접한 관련이 있는 곳에 있는 맥주 바bar를 의미한다. 미국의 혁신의 결과물인 탭룸은 순식간에 다른 곳으로 퍼지고 있으며 탭룸의 성공은 침체된 맥주시장을 다른 방식으로 바꿔놓고 있다. 탭룸이 인기를 끄는 데는 몇 가지 이유가 있다. 브루어리에게 탭룸은 유통업자나 펍운영자를 거치지 않고 자신의 맥주를 소비자의 손에 전달할 수 있는 좋은 방법이다(물론 자신들의 탭룸에서만 그들이 만든 맥주를 파는 브루어리는 거의 없다). 또한 브랜드를 키우고 실험적인 맥주에 대한 직접적인 피드백을 받는 좋은 방법이기도 하다. 잘 나가는 탭룸에 자신들의 맥주를 팔면 더 큰 이윤을 볼 수 있다는 사실이 가장 결정적인 이유이기도 하다. 반면 맥주 소비자에게 탭룸은 상태가 가장 좋은 맥주(크래프트 업계에서 점점 더 중요해지는 요소)를 브루어가 원하는 방식대로 정확히 서빙받을 수 있는 곳이다. 심지어 탭룸에서 브루어리 직원들과 어울릴 수 있는 기회도 얻을 수 있다. 탭룸은 초반에는 특별히 다를 바 없는, 즉 특정시간대에 아주 기본적인 장비만 갖추고 대중들에게 맥주를 따르는 방식으로 맥주를 서빙하는 곳으로 출발했지만, 음식, 라이브 음악, 긴 영업시간을 통해 일반 펍과 바 그 이상으로 진화해 나가고 있다. 소위 커뮤니티 펍community pub의 수가 수십 년 동안 점점 감소하고 있는 반면, 탭룸은 지리적 위치가 커뮤니티 펍을 정의하는 유일한 방법이 아님을 입증하며 성장하고 있다. 탭룸이 맥주 애호가들에게 유쾌한 장소가 되고 있는 이유 중 하나는 바로 맥주 애호가들이 서로 모인다는 점이다. 그리고 그들의 커뮤니티는 그렇게 형성이 된다.

* 커뮤니티 펍에 대한 영국 CAMRA의 입장은 다음과 같다. "커뮤니티 펍은 사회적 상호작용을 북돋우고, 영업 대상이 되는 지역사회에 중요한 것을 되돌려 주는 공인된 허브이다. 사회적 상호작용을 북돋운다는 것은 손님 사이의 대화와 토론을 의미하며, 손님은 가족이든 친구든 지인이든 심지어 낯선 이방인이어도 상관없다. 중요한 것을 되돌려 준다는 것은 펍의 경제적 이익에 근거한 어떠한 동기도 없이 지역사회에 시설 일부를 제공하거나 도움이 되는 활동을 한다는 의미이다." – 역주

Terroir 테루아

BEER CULTURE

유일무이하고 복제될 수 없는 캐릭터를 창조하는 어떤 환경. 테루아는 이 용어가 처음 등장한 와인업계에서 통용되는 개념을 알면 더 이해하기 쉽다. 몇몇 맥주가 자기들만의 고유한 테루아가 있다고 온당하게 주장하는 여러 가지 이유들이 여기 있다.

- 지역몰트: 요즘은 원하는 스타일의 몰트를 얼마든지 손에 넣을 수 있다. 하지만 어떤 스페셜 몰트는 다른 스타일의 맥주에 사용하면 매우 이상할 정도로 여전히 특정 지역 스타일의 맥주와 밀접한 관계를 맺고 있다.

→ Hops, 123쪽
→ Malting, 150쪽
→ Spontaneous fermentation, 215쪽
→ Water, 235쪽
→ Yeast, wild, 249쪽

- 홉: 홉 품종은 원산지에 따라 매우 특별한 캐릭터를 갖는 경향이 있다. 게다가 홉은 날씨, 토양, 물, 그리고 기타 요인들에 극도로 민감한 식물이다. 그래서 미국 캘리포니아 지역에서 재배된 캐스캐이드 홉은 영국 켄트지역에서 재배된 캐스캐이드 홉과는 매우 다른 캐릭터를 갖게 된다.
- 자연 발효: 만약 어떤 스타일의 맥주가 진정한 테루아를 갖고 있다고 합법적으로 주장할 수 있다면, 그건 아마 와일드 비어wild beer의 경우일 것이다. 맥주를 양조하는 그 지역에만 존재하는 야생효모와 박테리아로 발효를 진행하면 주위 환경, 심지어 브루어리 건설에 사용된 자재 같은 것이 그 맥주의 캐릭터를 결정할 수 있다. 따라서 이런 맥주들은 그 외 다른 지역에서 양조되기 힘들 것이다.
- 물: 과거 물의 미네랄 조성은 그 지역의 맥주 스타일을 결정하는 데 중요한 요소였지만, 현대의 화학지식과 여과기술은 브루어가 물의 미네랄 조성을 쉽게 조정할 수 있도록 만들었다. 따라서 확실한 차이를 주장할 할 수 있는 유일한 부분은 그 지역에서 홉과 몰트가 자랄 때 함유한 미네랄의 양 밖에 없다.

→ Belgium, 46쪽
→ Dubbel, 84쪽
→ Religion, 192쪽
→ Style, 220쪽
→ Tripel, 228쪽

Trappist 트라피스트 수도회

ORIGIN

여러 면에서 북유럽의 수도사 브루어들은 현대 양조의 선조로 볼 수 있다. 이들은 양조를 격식과 계획이 없는 과정에서 진정한 장인기술로 탈바꿈시켰다. 하지만 오늘날 맥주 세계에서 고대 수도원 브루어들 중 어느 누구도 1662년 프랑스에, 정확히는 솔리니 라 트라페 교외지역에 세워진 트라피스트 수도회 브루어보다 더 많은 존경을 받지 못한다. 트라피스트는 역사가 훨씬 오래된 베네딕트 수도회에서 나온 시토 수도회의 분파로 프랑스 혁명 당시 프랑스에서 쫓겨나 1802년 벨기에에 정착했다. 방치된 수도원을 통해 그곳에 정착하고 점차 새로운 수도원들을 건립하면서, 트라피스트 수도회는 농사와 자급자족을 통해 삶을 영위하는 강력한 문화를 만들었고, 이는 지금까지 이어져오고 있다. 이런 트라피스트 수도회에는 오르발Orval, 베스트블렌테렌Westvlenteren, 시메이Chimay, 아헬Achel, 로쉬포르Rochefort, 베스트말레Westmalle 수도원들이 있다.

람빅이나 샴페인처럼 '트라피스트'라는 단어는 엄격한 법적 보호를 받는 명칭이다. 트라피스트라는 명칭을 사용하려면, 반드시 수도원 경계 안에 있는 브루어리에서 수도사의 직접적인 관리감독 하에 맥주가 양조되어야 한다. 이런 구속력은 굉장히 강력해서 규모가 다소 큰 몇몇 트라피스트 브루어리는 더 이상 확장을 못하고 있다. 트라피스트 규칙에 따라 그들이 집이라고 부르는 수도원의 담벼락을 넘을 수 없기 때문이다. 현재 트라피스트 브루어리는 전 세계에 11곳이 있고 그중 6곳이 벨기에에 있다.* '트라피스트' 자체는 맥주 스타일이 아니지만, 트라피스트와 애비abbey 브루어리와 연관이 되는 몇몇 맥주 스타일들은 있다. 두벨, 트리펠, 그리고 어느 정도까지는 세종이 여기에 포함된다. 애비 비어**도 비슷한 스타일과 품질을 보이지만 트라피스트 맥주와는 다른 상업적 목적을 갖고 양조되며 수도원과의 관련성은 있을 수도 있고 아예 없을 수도 있다.

* 트라피스트 브루어리는 2019년 4월 현재 총 12곳이다. 저자는 2018년부터 트라피스트 맥주를 양조하기 시작한 영국의 마운트 세인트 버나드 수도원을 빠뜨린 듯하다. 2018년 7월 9일에 첫 출시된 이 수도원의 트라피스트 맥주 상표명은 타인트 메도우Tynt Meadow다. 그러나 이 맥주는 아직 'Authentic Trappist' 육각로고를 사용하지 못한다. – 역주

** 애비 비어abbey beer는 상업 브루어리에서 양조되는 수도원 스타일의 맥주를 의미한다. 트라피스트에서 말하는 수도원 맥주와 의미가 다르며 애비 비어 로고를 통해 자체적인 브랜딩과 역사를 만들어 가고 있다. – 역주

Tripel 트리펠

STYLE

→ Belgian Golden Ale, 45쪽
→ Belgium, 46쪽
→ Esters, 86쪽
→ Trappist, 227쪽
→ Yeast, 247쪽

알코올 도수가 높은 짙은 황금색의 벨기에 에일 맥주로, 1930년대에 처음 등장했지만 1950년대 베스트말레 수도원의 수도

사들에 의해 스타일이 명확해졌고 인기를 얻게 되었다. 현재 벨기에의 트라피스트 브루어리 4곳을 포함하여 많은 세속의 애비 브루어리에서 멋진 트리펠을 양조하고 있다. 심지어 벨기에를 사랑하는 외국 브루어들(주로 미국에 있다)도 자신만의 트리펠을 양조하고 있으며, 그중 일부는 아주 훌륭하다. 캐릭터에 관해 말하자면, 트리펠은 일반적으로 벨지안 스트롱 골든 에일과 공통점이 많다.

트리펠은 짙고 광택이 나는 황금색을 띠는데, 이는 부드러운 몰트 풍미와 향을 제공하는 깨끗한 필스너 몰트에서 나온다. 브루어리에 따라 다양한 곡물들이 함께 사용될 수 있다(밝은 크리스탈 몰트, 또는 일부 경우에 따라 귀리와 밀까지도 포함). 하지만 이런 곡물들은 전체 매쉬 중량의 극히 일부만을 차지한다. 전체 발효성 당의 20% 이상까지 첨가될 수 있는 백설탕은 트리펠의 캐릭터를 더 가볍게 할 수도 있다. 병내 숙성은 이 스타일의 필수적인 부분으로 트리펠의 독특한 마우스필, 미묘한 풍미, 강한 탄산감에 상당한 기여를 한다. 보통 홉은 꽤 도드라지며 날카로운 허브와 꽃향, 그리고 상대적으로 강한 쓴맛을 가지고 있다. 또한 트리펠은 벨기에 효모가 갖고 있는 원형적인 특징들을 보여주는데, 여기에는 계피, 정향, 후추 같은 자극적인 향신료 풍미와 사과, 배, 복숭아, 바나나 같은 과일향을 내는 에스테르가 해당된다.

→ Fermentation, 89쪽
→ Fermentation vessel, 91쪽
→ Fining, 96쪽
→ Whirlpool, 240쪽
→ Wort, 244쪽
→ Yeast, 247쪽

Trub 트룹

BREWING

맥즙이 발효조로 옮겨질 때 온갖 종류의 작은 잔해들은 여전히 맥즙에 떠다닌다. 발효과정을 통해 많은 찌꺼기가 추가적으로 발생하지만 시간이 지나면서 점차 바닥으로 가라앉는다. 죽은 효모, 홉 침전물, 탄닌, 무거운 지방, 단백질 덩어리 등등, 이러한 트룹들은 현대적인 코니컬 발효조의 원뿔 바닥에 모이게 되고 밝은 맥주로부터 깔끔하게 분리되어 제거될 수 있다. 이러한 분리 과정에 월풀을 이용하면 꽤나 도움이 된다.

U

→ Filtration, 95쪽
→ Fining, 96쪽
→ Haze, 114쪽

Unfiltered 비여과

STYLE

비여과, 즉 필터링하지 않는 맥주는 비록 새로운 개념은 아니지만, 크래프트 맥주애호가들이 '원조' 경험을 찾아 나서면서 점점 인기를 끌고 있다. 동일한 맥주를 여과한 것과 여과하지 않은 것을 비교 시음해보면 특히 마우스필과 풍미에서 종종 확연한 차이가 난다. 하지만 비여과 맥주는 유통기한이 짧은 경우가 많기 때문에 신선할 때 즐겨야만 한다.

→ Ratebeer, 187쪽

Untapped 언탭드

BEER CULTURE

레이트비어닷컴과 많이 유사하지만, 맥주평가에 관심이 부족한 SNS를 겨냥한 언탭드 앱은 진지하고 학술적인 맥주평가를 효과적으로 게임화했다. 이 앱을 통해 당신은 바코드를 스캔해서 친구들에게 링크를 걸 수도 있으며(친구가 바로 곁에 서 있다면 '건배'를 하라), 배지badge를 오픈할 수도 있다. 물론 평범한 점수 매기기와 시음기 작성 기능도 함께 있다. 아주 좋은 앱이다.

→ Oktoberfest, 166쪽

V

Vienna / Märzen / Oktoberfest

비엔나 / 메르첸 / 옥토버페스트 STYLE

서로 밀접한 관련이 있는 이 3가지 스타일은 오스트리아 빈과 그 주위에 기원을 두고 있으며, 지난 가을의 몰트와 홉을 소진시키는 전통적인 방편으로 같은 시기에 세상에 나왔다(메르첸은 3월을 의미하며, 이른 봄에 특별한 맥주를 양조하는 아이디어가 독일에만 있는 것은 절대 아니다). 주로 뮌닉Munich 또는 비엔나Vienna 몰트를 사용하기 때문에 몰트의 풍미와 향이 도드라지는데, 강한 비스킷과 캐러멜 풍미 그리고 약간의 토스트를 느낄 수 있다. 하지만 이에 비해 홉의 영향력은 거의 느끼기 힘들다. 원래 옥토버페스트 축제는 메르첸의 등장보다 30년 정도 앞서 시작되었지만 메르첸은 금세 축제를 위한 최고의 맥주가 되었다. 사실 독일에서 '옥토버페스트'라는 명칭은 뮌헨에 있는 6개 맥주회사들만 사용할 수 있다.

W

Waste water 양조 폐수

BREWING

맥주회사들이 양조 폐수를 가까운 강에 그냥 흘려버리고 잊고 지내던 시절이 있었다. 지금은, 특히 대형 맥주회사들의 경우, 배수구로 폐수를 내보내는 것에 조금 더 주의를 기울일 필요가 있다. 왜냐하면 양조 폐수는 당과 알코올의 함량이 높고, 산도(pH)가 낮으며(그러니 꽤 산성이다), 온도가 높은 편이기 때문이다. 또한 이는 많은 화학물질들이 배수구로 빠져 나간다는 것을 의미한다. 가장 중요한 사실은 지역의 정수처리장들이 이 영양소들을 처리하기 위해 부담스러운 작업공정을 진행해야 한다는 것이다. 요즘은 양조 폐수를 자체적으로 정수처리하고 있는 브루어리도 있다. 캘리포니아에 있는 대형 브루어리인 시에라네바다Sierra Nevada 같은 곳은 물을 처음 받았을 때와 같은 상태로 정수처리한 후 양조시스템으로 다시 돌려보내 재사용한다.

Water 물

INGREDIENT

→ Liquor, 147쪽
→ Minerals, 156쪽
→ Style, 220쪽

종종 잊고 지내는 맥주의 네 번째 양조재료인 물은 한 잔의 맥주에서 최소한 90% 이상을 차지하는 중요한 요소이다. 초창기 브루어들은 (심지어 그 이유를 알기도 전에) 그 지역의 수질이 맥주의 최종 캐릭터에 중대한 영향을 끼친다는 사실을 알고 있었다. 물은 지역에 따라 맥주 스타일이 달랐던 주된 이유 중 하나이다. 런던과 더블린의 포터든, 뮌헨의 라거든, 버튼 온 트렌트의 페일 에일이든, 브루어들은 그 지역의 물에 가장 적합한 맥주 스타일을 발견했다. 양조에 사용되는 물은 단순한 물 그 이상이기 때문이다. 물에는 수돗물 회사가 첨가한 화학물질은 말할 것도 없고, 각종 암반을 통과해서 수도꼭지에 도달할 때까지 받아들인 미네랄이 가득 들어있다. 이 미네랄들은 효모의 성장을 돕기도 하고 방해하기도 하며 홉의 캐릭터를 증폭시키기도 하고 억제하기도 하는 등 많은 영향력을 갖고 있다. 요즘 대부분의 브루어는 그 지역의 수돗물을 있는 그대로 사용하지는 않는다. 이들은 만들려고 하는 맥주 스타일에 가장 적합한 물 조성profile을 얻기 위해 석회, 소금, 석고, 아연, 구리 같은 미네랄을 첨가한다. 또한 맥주를 망칠 수 있는 유기화합물, 중금속, 철, 그리고 다른 미량의 성분들을 제거하기 위해 수돗물을 여과하고 정수처리도 한다. 심지어 일부 규모가 큰 회사의 브루어나 유난히 깐깐한 브루어는 역삼투압 장비와 같은 최신 기술을 이용하여 그 지역 수돗물을 아무런 성분도 갖지 않는 완전한 중성상태로 바꾼 다음 자신들이 선택한 미네랄들을 첨가하기도 한다.

Wee Heavy 위 헤비

STYLE

→ Barley Wine, 37쪽

스코티시 에일의 가장 꼭대기에 있는 어두운 색의 발리 와인인 위 헤비는 살짝 구운 토피 같은 몰트 캐릭터와 태운 토스트의 쓴맛이 균형감을 이루는, 무지막지하게 달고 진한 풍미를 가지고 있는 맥주이다. 특히 스코틀랜드 외 지역에서 양조되어 배럴 숙성된 위 헤비에서는 훌륭한 와인 또는 셰리주와 같은 건과일의 캐릭터를 종종 찾을 수 있다.

Weissbier/Weizen 바이스비어 / 바이젠비어

STYLE

→ Reinheitsgebot, 191쪽
→ Wheat, 240쪽

논란의 여지가 없는 여름 맥주의 챔피언이다. 바이스비어(다른 말로 white beer)는 높은 꽃병처럼 생긴 맥주잔과 탄환모양의 맥주병이 함께 제공되어야만 제대로 된 서빙이라 할 수 있다.

바텐더는 맥주병 위로 맥주잔을 엎어두고, 이를 뒤집은 다음, 맥주잔이 채워짐에 따라 맥주병을 천천히 빼낼 것이다. 맥주를 거의 다 따르면 바텐더는 병 바닥에 깔린 효모침전물을 걷어내기 위해 바 테이블 위에 맥주병을 굴린 다음, 모아둔 효모침전물을 이미 생긴 헤드(거품) 위로 끝까지 따를 것이다. 레몬 한 조각으로 아름다운 헤드를 장식하라. 그러면 마실 준비가 끝난 것이다.* 밀 몰트 60~70%가 들어있는 바이스비어는 뮌헨에서 시작되었다. 맥주순수령이 존재하긴 했지만 바이스비어 양조에 (아주 적은 양이기는 하지만) 밀을 사용해도 된다는 허점이 있었다. 바이스비어는 신선한 상태로 너무 차갑지 않게 서빙되어야 제일 좋다. 높은 밀 함량은 크림과 같은 마우스필을 느끼게 하고 아주 높은 탄산과 함께 멋지고 조밀한 머랭 같은 헤드를 만들어낸다. 바이스비어는 옅은 시트러스 풍미와 더불어 특별한 상면발효효모에서 나오는 뚜렷한 정향의 풍미를 갖는다. 바나나와 그 밖의 다른 열대과일의 풍미도 중요한 캐릭터 중 하나이다.

* 독일에서 바텐더가 바이스비어를 이와 같이 서빙하는 경우는 없다. 또한 바이스비어에 레몬 조각을 올리는 일은 독일에서 금기시되는 일이다. 바이스비어는 바나나와 정향이 가장 중요한 캐릭터이며 감귤과 열대과일은 스타일에서 다룰 수 있는 풍미는 아니다. 한편 독일의 바이스비어와 달리 아메리칸 윗비어American wheat beer는 바나나와 정향이 절제되어야 하며 시트러스와 트로피컬한 풍미가 핵심적인 캐릭터 중 하나이다. – 역주

West Coast IPA 웨스트코스트 IPA STYLE

웨스트코스트 IPA는 자신만의 정의를 가질만한 가치가 있는 스타일이다. 전통적인 잉글리시 IPA에 뿌리를 두고 있기는 하지만, 실제로는 아주 다른 녀석이다. 세계적인 크래프트 운동에 관해 논할 때 웨스트코스트 IPA의 탄생 이야기는 늘 중심에 있다. 이 스타일은 주로 캐스케이드Cascade, 센테니얼Centennial, 콜럼버스Columbus, 치누크Chinook 같은 강력한 미국 홉이 펠렛이 아닌 콘의 형태로 사용되고 드라이 호핑과 같은 기술들이 적용되어 복합적인 쓴맛과 다채로운 열대과일과 꽃향을 가진다. 하지만 몰트 캐릭터가 홉과 균형을 항상 맞춰주지는 않는다. 좀 더 강력한 홉 캐릭터를 위한 경쟁은 1990년대 중반 샌디에고의 스톤Stone과 밸라스트 포인트Ballast point에서 시작되었는데, 이들은 높은 알코올과 수지향, 극단적으로 홉이 강조된 IPA를 만들었다. 좋든 싫든, 웨스트코스트 IPA는 전 세계로 수

→ American IPA, 24쪽
→ Dry-hopping, 82쪽
→ Hops, 123쪽
→ Hops, aroma, 124쪽
→ IPA, 132쪽
→ New world hops, 161쪽

출되어 홉에 강박적인 맥주 문화의 핵심으로 자리매김해 나가면서 크래프트 맥주 운동을 이끌었다.

→ Adjunct, 18쪽
→ Body, 51쪽
→ Esters, 86쪽
→ Head, 117쪽

Wheat 밀

INGREDIENT

가장 인기 있는 밀맥주로는 독일 전통 맥주인 둔켈바이젠, 헤페바이젠, 바이젠복이 있고 벨기에 맥주인 윗비어와 람빅이 있다. 밀은 약간 새콤하고 가벼워 청량감을 주며 보리와도 아주 잘 어울린다. 밀 몰트는 스타일에 따라 전체 매쉬의 5~70%까지 사용될 수 있다. 독일 밀맥주에는 아이소아밀 아세테이트isoamyl acetate라 불리는 에스테르를 만들어내는 에일 효모가 사용되는데, 맥주의 특징적인 바나나 풍미가 이 효모에서 나온다. 효모보다는 곡물에 보다 더 의존적인 미국의 헤페바이젠은 좀 더 강조된 몰트의 풍미를 보인다. 미발아 밀은 약간 더 날카로운 느낌이 있는 독일 맥주들과 투명하지 않고 희뿌연 탁도를 보이는 벨기에 밀맥주에 사용된다. 탁해 보이는 것은 밀의 높은 단백질 함량 때문이다. 그러니 초콜릿 가루도 붙일 수 있는 거품이 두터운 헤드를 기대해보시라.

→ Brewhouse, 59쪽
→ Boil, 51쪽
→ Boil kettle, 52쪽
→ Hot break, 128쪽
→ Home-brew, 117쪽
→ Trub, 230쪽
→ Wort, 244쪽

Whirlpool 월풀

EQUIPMENT

월풀은 맥즙을 아주 강하게 휘돌려 한가운데에 소용돌이를 만들어내는 과정으로 보통 끓임단계 말미에 시행한다. 이렇게 생긴 구심력은 보다 밀도가 높은 물질을 소용돌이 중심으로 잡아당긴다. 맥즙과 끓임조 바닥 간의 마찰력 때문에 소용돌이 밑부분에 있는 액체는 더 느리게 움직이며 최상층부 주위의 액체보다 더 낮은 압력을 갖게 된다. 이러한 결과로 인해 트룹이 맥즙 중심으로 모여 아래로 가라앉게 되며 냉각을 위해 맥즙을 칠러로 보내면 희뿌연 트룹들은 끓임조에 남게 된다. 이런 기법은 홈브루잉을 포함해 모든 규모의 브루어리에서 효과를 발휘한다. 사실 효과적인 월풀을 만들기 위해 필요한 유일한 장비는 길이

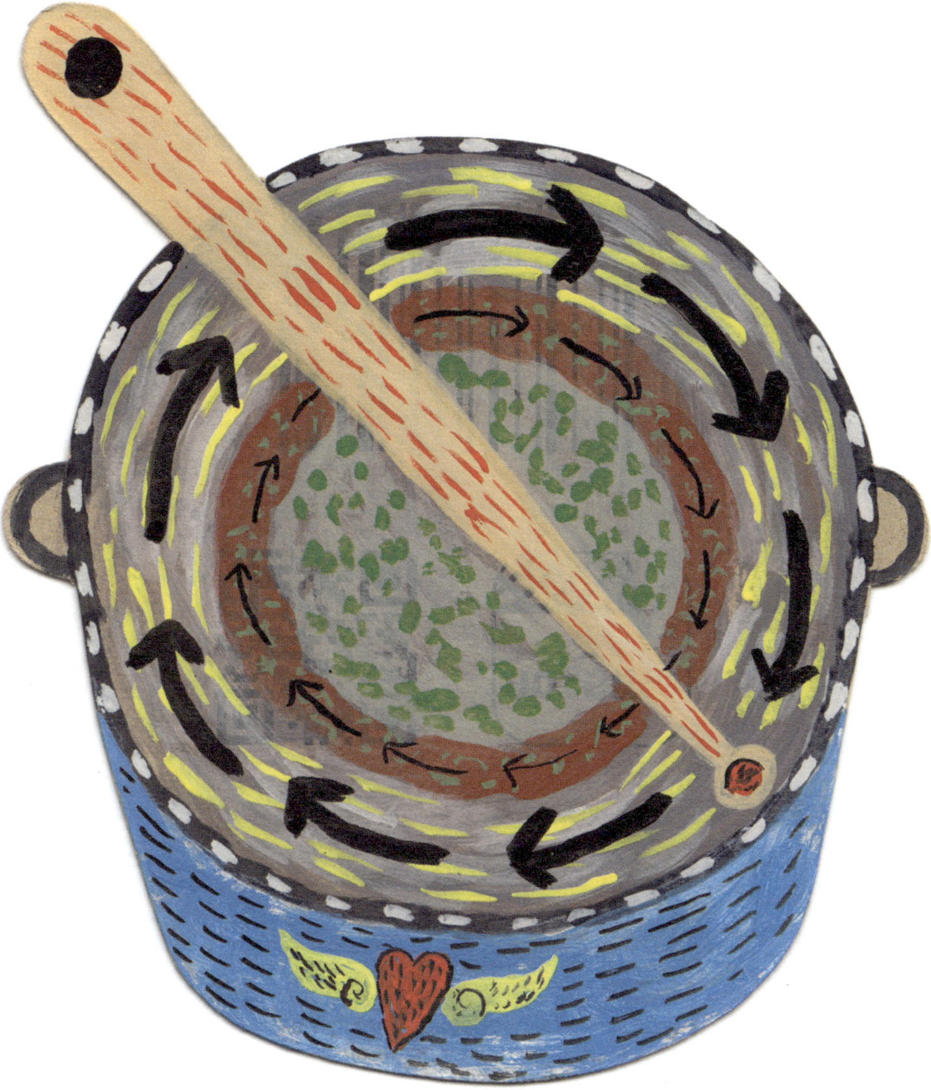

가 긴 스푼이다. 실제로 침지식 냉각기immersion chiller가 사용되는 소규모 홈브루잉 장비에서 긴 스푼으로 진행되는 월풀은 트룹을 제거할 뿐만 아니라 냉각속도 또한 높일 수 있다.

→ Bottles, 55쪽
→ Cans, 65쪽
→ Nitrogen, 162쪽

Widget 위젯

EQUIPMENT

오랫동안 병맥주와 캔맥주의 최종목표는 드래프트 맥주의 특징을 재현해낼 수 있는가였다. 특히 바에서 따르는 맥주를 경험하는 것이 중요할 수 있는 기네스Guinness 같은 맥주는 더욱 그러했다. 이것이 1960년대 후반 기네스가 드래프트 타입의 스타우트를 병 또는 캔에서 경험할 수 있는 시스템 개발에 착수한 이유였다. 이 프로젝트의 주된 난관은 드래프트 시스템의 질소가스를 재현하는 일이었는데, 질소가스는 기네스 맥주에 특징적인 작은 버블, 두터운 헤드, 크림과 같은 마우스필을 선사한다. 수많은 실험 끝에 마침내 기발한 해결책이 나왔다. 미세한 구멍이 많이 뚫린 특별한 플라스틱 볼을 병이나 캔 내부에 넣는 것이었다. 병이나 캔을 땄을 때 생기는 급격한 압력저하는 볼 안의 질소 거품들을 폭발하듯 분출시켜 맥주를 가득 채우고 순간적으로 풍성한 헤드를 만들어낸다. 이 연구 프로젝트 결과가 비교적 평범한 이름을 갖고 있는 '위젯'이라는 것이다. 지금은 스타우트, 포터, 비터를 포함한 수많은 슈퍼마켓 맥주에서도 위젯을 찾을 수 있다. 또한 콜로라도의 레프트 핸드 브루잉 컴퍼니Left Hand Brewing Co.에서 출시되는 밀크 스타우트 나이트로Milk Stout Nitro와 같은 일부 크래프트 맥주 캔에도 위젯이 있다.

Witbier 윗비어

STYLE

역사적으로 중요한 벨기에 밀맥주white beer는 기술적으로 까다로운 '터비드' 당화방식을 전통적으로 사용한다. '터비드'turbid란 매쉬에 흔히 사용되지 않는 곡물을 다루는 방식으로, 자연바람으로 건조된 몰트, 미발아 밀, 소량의 귀리를 혼합한 매쉬를 사용하여 당화를 진행하는 것이다. 터비드 방식의 목표는 다량의 전분성 탄수화물과 풍부하고 크림 같은 텍스처를 가진 맥즙을 만들어내는 것이지만, 현재는 모든 윗비어가 꼭 이런 방식으로 양조되지는 않는다. 이 스타일의 또 다른 특징은 쓴맛이 나는 오렌지 껍질과 고수 씨를 첨가하고 가끔은 브루어에 따라 '비장'의 향신료를 넣는다는 것이다. 북유럽은 거의 천년 동안 이런 저런 형태의 윗비어를 양조해 왔는데, 사실 윗비어는 홉이 들어간 것으로 알려진 첫 번째 맥주다. 윗비어는 20세기 중반에 명맥이 거의 사라졌다가 호가든Hoegaarden 맥주가 출시된 1978년이 되어서야 다시 살아났다. 호가든은 청량감이 있어 여름에 딱 어울리는 윗비어를 전 세계에 다시 알리고 있다. 윗비어의 캐릭터로는 스파이시함을 빠뜨릴 수 없고, 오렌지, 고수, 다른 향신료의 미묘한 향과 더불어 크림같은 마우스필, 종종 살짝 보이는 신맛을 들 수 있다.

Wort 맥즙

BREWING

→ Boil, 51쪽
→ Fermentation, 89쪽
→ Fermentation vessel, 91쪽
→ Mash, 153쪽
→ Sparge, 212쪽
→ Yeast, 247쪽

당화와 스파징을 거쳐 만들어진 단맛이 나는 용액으로 발효를 위해 사용된다. 끓임단계 전의 맥즙은 80~90%는 수분으로, 나머지 20%는 당(발효성 당과 비발효성 당)과 단백질 그리고 미네랄로 이루어진다. 이후 홉을 넣고 끓이는 과정과 냉각과정, 효모를 투입하는 작업pitching을 거칠 때까지도 여전히 맥즙이라 불린다. 맥즙은 효모가 당을 알코올로 전환시키는 과정, 즉 발효를 다 마친 후에야 비로소 맥주가 된다. 발효조까지 가는 여러 단계에서 맥즙을 시음해보는 것은 아마추어 브루어에게 흥미로운 실험과 같다. 특별히 좋은 맛을 느낄 수 있는 것은 아니지만 많은 정보를 얻을 수 있다.

X 엑스

BEER CULTURE

랑케 XX 비터Ranke's XX bitter부터 캐슬메인 XXXX Castlemaine XXXX, 심지어 시몬즈 아크엔젤 XXXXXXX 스타우트Simonds Archangel XXXXXXX stout까지 알파벳 X자가 그렇게 많이 나오는 이유에 대해 여러 개의 이론들이 존재한다. 가장 그럴듯한 설명 중 하나는, 비록 다소 불경스럽게 들리기는 하지만, 옛날의 수도사 브루어들이 맥주의 출처와 품질을 보장하려고 배럴 표면에 십자가를 새겨 넣었다는 것이다. 다른 이론은 세금징수원이 세금을 매길 목적으로 알코올 도수의 높고 낮음을 배럴 표면에 하나 또는 두 개의 X자를 분필로 써서 표시했다는 것이다. 또한 과거 한때 첫 번째 맥즙이 두 번째 매쉬에 다시 사용되어 이론상 두 배의 비중을 갖는 맥즙으로 양조되는 '더블맥주'와 그렇지 않은 싱글맥주를 구별하기 위해 X자 심볼이 사용되었을 수 있다. 싱글맥주는 X자 한 개로, 더블맥주는 X자 두 개로. 그것도 아니라면 '쿨'하게 보인다는 이유로 그냥 그렇게 했을지도 모른다.

Weaver's

Y

→ Hangover, 113쪽

Yard of ale 야드 오브 에일

DRINKING

전통적인 영국의 음주게임 혹은 특별한 축배를 위해 사용되는 야드 오브 에일은 긴 나팔과 같은 모양으로 아래로 내려갈수록 조금씩 가늘어지는 몸체를 가지고 있으며 하단 끝은 볼록한 공 모양으로 생긴, 키가 큰 맥주잔이다. 대략 에일 2파인트(약 1.1리터)가 들어갈 수 있고, 잔 높이는 90센티미터(3피트 또는 옛 영국식으로 1야드)에 달한다. 맥주 전체를 한 번에 다 마시는 것이 관례이며, 밑부분이 공처럼 둥글게 디자인되어 이 잔으로 많은 양의 맥주를 마시다 중간에 멈추면 사람의 얼굴에 튀게 된다. 미국에도 자신들만의 음주게임이 있다. 호스가 연결된 깔때기 안으로 캔맥주를 붓고 호스를 통해 맥주를 마시는 '비어 봉'beer bong과 케그 위로 물구나무를 서게 한 다음 최대한 많이 맥주를 마시게 하는 '케그 스탠드'keg stand가 있다. 조금 덜 낭만적인 것 같다.

→ Fermentation, 89쪽
→ Fermentation temperature, 90쪽
→ Pasteur, Louis, 169쪽
→ Yeast, wild, 249쪽
→ Wort, 244쪽

Yeast 효모

INGREDIENT

당을 분해해서 알코올과 이산화탄소로 만드는 일을 맡고 있는 이 단세포, 진핵생물eukariotic은 지구상에 수 천년동안 존재해 왔고, 맥주 세계에서는 논란의 여지가 없는 최고의 스타라 할 수 있다. 이런 특성들로 인해 효모는 제빵 분야(이산화탄소는 빵을 부풀게 한다)와 달달한 맥즙을 알코올과 거품이 있는 맥주로 변모시키는 양조 분야에 사용된다. 실제로 'yeast'라는 단어

는 '끓다', '거품' 또는 '버블'을 뜻하는 고대 영어 'gist'에서 유래되었다. 고대 이집트인과 바빌로니아인들도 지금의 우리와 거의 똑같은 방식으로 효모를 사용했지만, 네덜란드의 안톤 반 레벤후크Anton van Leeuwenhoek가 직접 만든 현미경으로 크기가 아주 작은 단세포들을 눈여겨 본 1680년까지 그 존재를 알 수 없었다. 그 당시 브루어들은 농장이든 발효조든 심지어 공기 중이든 상관하지 않고 주변에 있는 모든 효모를 그냥 사용했다. 1800년대에는 레벤후크의 발견을 기반으로 상업양조가 증가했고 이는 첫 순수효모배양으로 이어졌다. 선구자격인 덴마크의 생화학자 에밀 크리스찬 한센Emil Christian Hansen은 칼스버그 연구소에서 일하면서 대다수의 제빵사가 사용하는 효모보다 발효 시간이 좀 더 걸리는 사카로마이세스 세레비시아Saccharomyces cervisiae라는 특정 효모종을 분리해냈다. 한센은 이런 성질이 양조에 긍정적이라는 것을 알았다. 사실 느린 발효속도는 더 적은 이취와 높은 알코올에 대한 더 큰 내성을 의미하기 때문이다. 그 덕에 브루어는 알코올 함량이 더 많고, 맛이 더 좋은 맥주를 만들 수 있게 되었다. 그 즈음에 분리된 또 다른 중요한 효모종은, 1870년 루이 파스퇴르에 대한 존경의 표시로 명명된 사카로마이세스 파스토리아누스Saccharomyces pastorianus이다. 사카로마이세스 세레비시아와 사카로마이세스 파스토리아누스 사이의 주요한 차이점은 전자는 상층부에서 거품을 만들기 때문에 '상면발효'Top-fermenting 효모로 분류되고, 반면 후자는 상층부에 거품을 형성하지 않기 때문에 '하면발효'bottom-fermenting 효모로 분류된다는 것이다. 상면발효 효모는 대체로 에일 양조에 사용되고, 상면발효 효모에 비해 더 낮은 온도에서 움직이고 발효부산물을 적게 생성하는 하면발효 효모는 주로 라거 양조에 사용된다.

* 한센은 1883년에 순수 효모세포를 최초로 분리해냈고, 1908년에 자신이 근무하는 칼스버그 연구소의 이름을 따서 Sacharomyces calrsbergensis로 명명했다. 이는 하면발효 효모의 대명사로 라거 양조에 사용되었으며, 1870년도에 막스 리스가 명명한 Sacharomyces pastorianus와는 다른 종으로 인식되었다. 그러나 1985년 DNA 상동법으로 확인한 결과 두 효모는 같은 종으로 판명되어 명명시기가 더 빠른 Sacharomyces pastorianus가 공식명칭이 된다. – 역주

** 사카로마이세스 파스토리아누스는 1870년 독일인 막스 리스가 파스퇴르에 대한 존경의 표시로 명명한 것이다. – 역주

→ Yeast, 247쪽

Yeast, breeding 효모 육종

SCIENCE

모든 효모가 똑같이 창조되는 것은 아니다. 그리고 스타일과

양조에 가장 좋은 효모를 선택하는 것은 굉장히 중요한 일이다. 크래프트 브루어가 전에 없던 특성을 갖는 새로운 효모종을 찾는 것처럼, 새로운 효모를 개발하는 것은 계속되는 맥주의 진화과정에서 중요한 부분이다. 때때로 새로운 효모들이 야생에서 확인되기도 하지만, 그보다는 대학교, 연구기관, 맥주회사, 심지어는 미생물학자들이 개인적으로 갖고 있는 '컬렉션' 안에 숨어있는 경우가 훨씬 더 많다. 개발과정은 대개 몇 년씩 걸리는데, 여기에는 특정 효모종의 분리, 유전적 안정성 확립, 상업적 증식에 대한 반응시험, 실제 양조조건에서의 역할수행에 대한 기록이 포함된다. 사카로마이세스 세레비시아는 1996년에 유전자 염기서열 전체가 해독된 첫 유기체 중 하나였고, 이 보잘 것 없는 효모는 양조 외에 다양한 임무를 수행하기 위해 인위적으로 조작될 수 있는 새로운 연구시대를 예고했다.

Yeast, wild 야생효모

INGREDIENT

→ Fermentation, 89쪽
→ Lambic, 145쪽
→ Spontaneous fermentation, 215쪽
→ Wort, 244쪽

우리가 양조에 사용하는 효모들은 그들이 갖고 있는 특별한 능력 때문에 수년에 걸쳐 조심스럽게 분리되고 선택되어 왔다. 그러나 이외에도 셀 수 없이 많은 종과 균주가 야생에 존재하며, 이들 중 소수만이 특이하게 양조에 적합하다. 이런 '야생' 효모들은 식물, 과일, 피부, 흙, 곤충, 온혈동물의 소화기관에서 대부분 발견된다. 또한 이들은 공기 중에 떠다닐 정도로 무척 작고 가볍다. 많은 브루어가 야생효모를 가지고 실험을 하고 있으며, 비록 예측은 불가능하지만, 일부는 놀랍고도 맛있는 결과를 만들어낼 수 있다. 람빅의 경우처럼 맥즙을 오랜 기간 외부환경에 노출시키는 자연발효에서는 공기 중에 떠다니는 효모가 결정적인 역할을 한다. 효모를 맥즙으로 직접 들어가게 하는 특이한 경우도 있다. 예를 들어, 어떤 브루어는 와인 효모를 이용하기 위해 맥즙을 지역 포도밭에서 내버린 포도껍질 더미에 놔두는 경우도 있다.

Z

Zythos 자이토스

STYLE

고대 이집트에서 유흥과 의료용으로 양조된 맥주. 바빌로니아 탈무드의 세 번째 책에 나와 있는 것처럼, 자이토스는 조금은 괴상한 제조성분 때문에 설사약과 변비약으로도 사용되었다. 하지만 실제 아픈 사람에게 권장하지는 않겠다. 고대 희랍어 'zythos'와 라틴어 'zythum'의 어근은 둘 다 맥주를 의미한다.

Index

ㄱ

ㄴ

ㄷ

ㄹ

ㅁ

ㅂ

ㅅ

ㅇ

ㅈ

ㅊ

ㅋ

ㅌ

ㅍ

ㅎ

Acknowledgements
감사의 말

옥토퍼스의 모든 팀원들, 틸리, 언젠가 이 '히치하이커의 맥주 가이드'가 조금은 쓸모가 있다는 걸 알게 될 샘, 부모님, 린제이와 루시마리, 술의 세상에서 최고이자 참을성이 제일 많은 매거진 디자이너 애슐리 존스턴, 루이스 크레인, 콜럼보즈 팀, 나를 비교적 제정신으로 있게 해준 매튜, Beer52에 있는 친구들을 포함해, 이 책을 집필하는 과정 내내 나를 지지해준 모든 이에게 큰 감사를 표한다. 모든 훌륭한 브루어, 작가, 그리고 내가 매일 함께 작업한 맥주 애호가들에게도 특별히 감사를 드린다. 그들의 경험과 열정이 어우러져 이 책에서 당신이 읽은 모든 것의 기초를 다졌다.

Translator's Comments
역자 후기

맥주는 1만년이 넘게 인류와 함께 해 온 음료이다. 자연적으로 발견된 와인과 달리 맥주는 인류의 문명과 함께 태어난 술이다. 수천 년이 넘는 기간 동안 맥주는 인류의 안전한 식수이자 음식, 고통을 달래주는 노동주, 때로는 즐거움을 전달하는 사회적 매개체였다. 있는 자들의 술이었던 와인과 달리 맥주는 평범한 우리네들의 친구였다. 맥주의 뒤안길에는 항상 인류의 발자취가 묻어있고 때로는 즐거움과 아픔도 엿볼 수 있다.

오랜 기간 동안 그저 친한 친구였던 맥주가 요즘 새로운 가능성과 다양한 모습으로 재조명되고 있다. 단순한 색과 맛을 가지고 있는 줄 알았던 담백한 친구가 수백 가지 색과 맛을 통해 세련된 모습으로 변신 중이다. 크래프트 맥주 혁명Craft beer revolution이라고 불리는 이런 움직임은 역동적이지만 아직 어리둥절하다. 너무 갑작스러운 변화인걸까? 맥주 코너에는 그동안 보지 못했던 맥주들이 가득하고 많은 정보를 다룬 뉴스와 책이 매일 쏟아지고 있다.

맥주사전은 우리를 이런 혼란에서 구해줄 한 줄기 빛이다. 맥주란 친구에 대해 A부터 Z까지 친절하게 알려주고 우리의 궁금증을 풀어주는 책이다. 재료, 스타일, 양조 그리고 크래프트까지 무겁지 않은 목소리와 제스처로 맥주의 변신에 대해 설명하며 여전히 우리의 최고의 친구임을 알려주고 있다. 이 책을 번역하며 맥주와 맥주문화에 대해 재미있게 정리해 준 저자에게 맥주 애호가이자 동료로서 감사의 마음을 보낸다.

맥주는 문화다. 맥주를 문화로 바라보면 우리 사회에 긍정적으로 기여할 수 있는 부분을 찾을 수 있다. 맥주로 세상을 바꿀 수 있을까? 답은 '그렇다'이다. 새로운 일자리, 올바른 음주문화 그리고 농업발전과 새로운 제조서비스업까지, 맥주가 우리에게 줄 수 있는 가능성은 무궁무진하다.

맥주사전이 맥주를 단순한 술이 아닌 문화로 바라볼 수 있는 출발점이 되길 바란다. 충분히 그럴 수 있다고 믿는다.

2019년 5월, 봄기운이 완연한 남산 밑에서.

윤한샘, 이명룡, 이동석

윤한샘, 사단법인 한국맥주문화협회 대표

고려대학교에서 식품자원경제학을 전공하고 MBA를 공부했다. 프랑크푸르트에서 마셨던 한 잔의 바이스비어에 매료된 후 이 세계로 빠져들었다. 2018년 맥주로 세상을 바꿀 수 있다는 쌈빡한 신념으로 (사)한국맥주문화협회를 만들고 대표로 활동 중이다. 현재 '맥주는 문화'임을 증명하기 위해 맥주 관련한 다양한 강연을 하고 있으며 맥주 칼럼니스트, 맥주대회 심사위원, 비어소믈리에로 오늘도 고군분투 중이다.

이명룡, 사단법인 한국맥주문화협회 이사

쏘맥 없는 세상을 꿈꾸는 정신건강의학과 전문의로 20대에 더블린에서 기네스를 접한 이후 유독 맥주를 사랑했다. 독일 되멘스 디플롬 비어소믈리에 과정을 이수한 후, 2017년 비어소믈리에 월드챔피언쉽(뮌헨) 한국대표, CAMBA 홈브루잉 대회(군델핑엔) 심사위원으로 참가했다. '맥주는 자유'라는 모토 아래 맥주와 종교, 미술, 정치, 문학을 연결하는 작업에 관심이 많다.

이동석, 사단법인 한국맥주문화협회 이사

대학과 대학원에서 미술사를 전공하다 지금은 독일맥주를 수입하고 있다. 훌륭하지만 아직 잘 알려지지 않은 독일의 맥주와 맥주문화를 한국의 소비자들에게 소개하는 것을 사명으로 삼고 있다. 독일 맥주를 더 잘 알리기 위해 되멘스 비어소믈리에 과정을 이수했다. (사)한국맥주문화협회의 이사로 활동하며 맥주로 세상을 바꾸는 일에 미력하나마 도움이 되고자 한다.